Michael Thürnau / Dr. Jan Liffers

Ich krieg' mein FETT weg

Landbuch Verlag Hannover

Michael Thürnau / Dr. Jan Liffers
Ich krieg' mein Fett weg - 1. Aufl. -
Hannover: Landbuch Verlag Hannover, 2005.
ISBN 3 7842 0650 6

1. Auflage 2005

Postfach 160, 30001 Hannover
Kabelkamp 6, 30179 Hannover
Tel.: 05 11 / 2 70 46-0
Fax: 05 11 / 2 70 46-1 50
buch@landbuch.de
www.landbuch.de

Projektleitung und Redaktion: Landbuch Verlag Hannover
Fotos: André Chales de Beaulieu; Edition FreudeLeben; kaempre/ Paul-Ernst Kämmer
Idee & Konzept: Edition FreudeLeben GmbH
Gestaltung: neue räume gmbH & co. kg, Hannover
Druck: J.P. Himmer GmbH & Co. KG, Augsburg
Gesamtherstellung: Landbuch Verlag GmbH, Hannover

Vielen Dank an alle, die an diesem Buch und an dem Projekt FettWegShow mitgearbeitet haben. Das sind unter anderem meine Freunde und Geschäftspartner Dr. Michael Heiks und Peter Buchmann; Natascha Unbehaun und das gesamte Team von TV+; mein Freund und Produktionsleiter Georg Germer; meine Moderationskollegin Katrin Krebs; Tina Buchmann und Yvonne Böhm von FreudeLeben; Regisseurin Geli Fuchs; das Team von TVN; meine Maskenbildnerin Julia Reich; besonderer Dank an Matthias Fricke, der das Projekt FettWeg lange Zeit begleitet hat.

Danke auch an Silke, Norbert, Achim, Mirelle, Maik & Judith, Piet, Reno, Indy, Axel, Petra, Manuela, Nicole, Svenja, Britta, Lisa Dennis und all die anderen.

Besonderer Dank an Dieter Brodbeck und Mario Neitzke.

ISBN 3 7842 0650 6

Teil I

Der Beginn der Geschichte

Warum ich dieses Buch schreibe
Der Beginn der Geschichte ...

Es war kurz vor meinem 40. Geburtstag und es waren zwei meiner besten Freunde: Peter, mit dem mich seit zwei Jahrzehnten Arbeit und Freundschaft verbindet, sagte frei heraus: „Irgendwann musst du mal was tun gegen dein Gewicht, sonst platzt du!". Michael, mein Produzent und Freund seit den Anfangstagen der Bingo-Show, haute in dieselbe Kerbe: „Ich will mit dir noch viele Sendungen produzieren. Ich finde, dein Stress und dein Gewicht sind gefährlich für dich!"

„Irgendwann musst du mal was tun gegen Dein Gewicht, sonst platzt du!"

Sie sprachen aus, was ich lange dachte: Ich hatte mein Gewicht in den vergangenen 20 Jahren verdoppelt. Man kann es natürlich positiv ausdrücken: Ein lebensfroher Moderator, der dick im Geschäft ist. Ein Mann, der gutes Essen zu schätzen weiß. Ein Pfundskerl, der nicht zu faul ist zum Essen. Alles Umschreibungen für die Tatsache: Ich bin dick. Zu dick, um auf Dauer gesund zu bleiben.

Beim Kampf zwischen Vernunft und Lust siegten immer Sahnesaucen und Nudeln. Die Anzüge aus meinen ersten Fernsehsendungen passten schon lange nicht mehr. Krank fühlte ich mich nicht, aber natürlich spürt es ein dicker Mensch wie ich, wenn er eine Treppe hinaufsteigt.

Und nun also noch dies: Der 40. Geburtstag vor der Tür und zwei Freunde, die sich Gedanken machen. Was tun? Verzichten auf gutes Essen? Statt der schönen Tage nun doch Kalorien zählen? Und was würden die TV-Zuschauer, Radiohörer und Tourneebesucher sagen? Jahrelang hatte ich von der Lust auf Essen geredet und geschrieben. Meine beiden Bücher „Mir schmeckts"

und „Thürnaus tolle Torten" sind Bestseller und – salopp gesagt – eine Anleitung zum Dickwerden. Darf aus dem Bingo-Bär eine Gazelle werden? Und geht das überhaupt?

Ich bei meiner Arbeit im Hörfunkstudio

Mein Freund Peter hatte einen Ernährungsberater kennen gelernt, der auf schwere Fälle wie mich spezialisiert ist. Wir trafen uns an einem heißen Sommertag in Schwabach bei Nürnberg. Draußen 40 Grad Hitze und als Genussmensch hatte ich kühlen Wein gekauft und frische Ananas und mixte uns einen Sommercocktail. „Damit ist es ja auch vorbei, wenn ich abnehmen sollte", sagte ich im Scherz. Und bekam vom Experten sofort Widerspruch: Eine Diät führt nie zum Erfolg, lernte ich, weil eine Diät immer einen Tag hat, an dem sie endet. Und dann beginnt das Problem: Man nimmt wieder zu, weil man so lebt wie früher. Nein, Wein mit Ananas ist in Zukunft nicht verboten. Wir verzichten nicht, wir ändern unsere Lebensweise. Mehr Bewegung, mehr gesundes Essen, aber nie Verzicht. Ich war begeistert.

„Wenn du es schaffst, abzunehmen, dann kann es jeder schaffen!"

Die zündende Idee hatte dann Peter: „Wenn du es schaffst, abzunehmen, dann kann es jeder schaffen." Ich sei, so Peter, die Hoffnung für all die Menschen, die wie ich weit mehr wiegen als sie sollten. Die Idee war geboren: Eine Sendung, die sich nicht an die Menschen wendet, die mal schnell vor dem Sommer 2 Kilo abnehmen wollen. Wir wollten ein Programm und eine Sendung entwickeln für Menschen, die 10, 20, 50 Kilo zu schwer sind. Und davon gibt es eine ganze Menge in Deutschland.

19 Monate später startete „Thürnaus FettWegShow" im Fernsehen. Zehntausende Norddeutsche beteiligten sich an der Sendung mit dem Untertitel „Der Norden speckt ab". Die

Hahn im Korb:
Ich mit Marina und Nancy bei der FettWegShow

Sendung hat mich und mein Leben verändert. Ich bin – bis jetzt – nicht schlank geworden. Aber deutlich schlanker. Ich habe bis heute, da ich beginne dieses Buch zu schreiben, über 30 Kilo abgenommen. Und ich bleibe am Ball. Ich gebe mir Zeit und weiß: Irgendwann werde ich vielleicht wieder unter die magische Marke von 100 Kilo rutschen.

Das hat nichts mit einem Wunder zu tun. Es ist auch nicht leicht und ich will nicht den Eindruck erwecken, dass Abnehmen das tollste Erlebnis auf der Welt ist. Aber es ist schön, wenn die alten Sachen wieder passen. Es tut gut, wenn die Kollegen sagen: „Du hast aber abgenommen." Es ist klasse, wenn man leichten Fußes den Fahrstuhl meidet und die Treppen hoch läuft."

9 Top-Gerichte zum Abnehmen

- Tomatensalat mit Essig und Öl
- Frische Äpfel
- Gegrillter Fisch
- Obstsalat mit Zitronensaft
- Gedünstetes Gemüse mit Joghurt-Dressing
- Rucolasalat mit Parmesan
- Ananas oder Mango mit Magerjoghurt
- Mageres Rindersteak mit frischem Gemüse
- Gegrillte Hähnchenbrust mit Salat

Es ist zu schaffen, wenn man die richtigen Dinge isst, sich bewegt, Zusammenhänge versteht und in keine Diätfalle tappt. Nachdem so viele TV-Zuschauer den ersten Schritt mit mir gemeinsam gegangen sind, möchte ich in diesem Buch meine Erfahrungen zusammenfassen. Neben vielen Tipps und nützlichen Ratschlägen finden Sie auch leckere Rezepte und tolle Fotos aus der FettWeg-Show. Es gibt viel abzunehmen – packen wir's an!

Wie der kleine Michael zum großen, dicken Bingo-Bären wurde ...

Als ich 1963 auf die Welt kam, war ich 54 Zentimeter groß und wog 4025 Gramm. Mein Höchstgewicht im Jahre 2004 lag bei 189,5 Kilo. In 40 Jahren habe ich mein Gewicht um 4700 Prozent gesteigert – ein Ergebnis, auf das jeder Rindermastbetrieb stolz wäre. Jahrelang habe ich behauptet, ich sei ein dickes Kind gewesen. Als ich zur Vorbereitung der FettWegShow in alten Bildern wühlte, kam das Gegenteil zutage. Ich war schlank, teilweise sogar richtig dünn. Es gab, wie mir meine Mutter bestätigt hat, auch Phasen, als ich etwas Babyspeck ansetzte. Aber das war nur eine Phase, die wohl jeder Mal durchmacht. Mein Konfirmationsfoto zeigt einen dürren Jungen mit schwarzem Dinner-Jackett. Fotos vom Sport, Fotos mit den diversen Freundinnen in der Pubertät zeigen allesamt einen schlanken Michael. Seltsam, wie sehr einem die Erinnerung einen Streich spielt. Und ganz sicher auch eine der psychologischen Ursachen für die stetige Gewichtszunahme: Man verliert das eigene Bild aus den Augen. Man akzeptiert, dass man dick ist. Der Blick für die eigene Figur geht verloren.

Als ich mein Abitur machte, hatte ich schon Speck auf den Rippen. Bei einem Fußballspiel als ganz junger Reporter kam ich schon kräftig ins Schwitzen, weil ich zu viel Pfunde über das Spielfeld bewegen musste. Als ich 1988

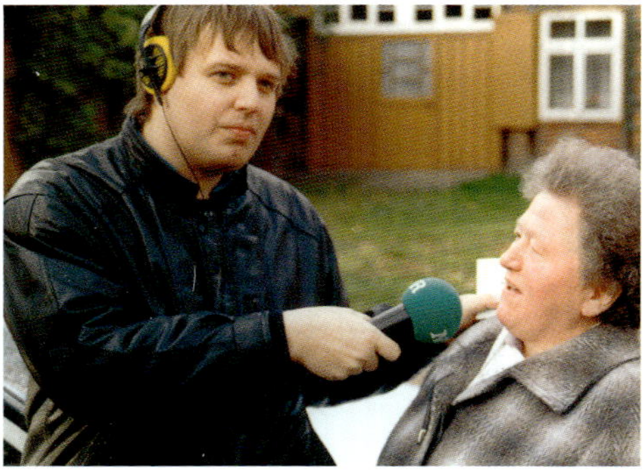

Mitte der 80er-Jahre als Radioreporter
Rechts: mein erstes Bingo!-Autogrammfoto (1997)

Foto ganz rechts: Ich und TV-total-Moderator Stefan Raab

beim Betriebsarzt des NDR war, gab es Schelte für mein Gewicht. 1992 platzte mir auf der Bühne eine Anzughose. 1994 war ich mit dem Musikmanager Hans R. Beierlein im Münchner Hotel „Park Hilton“ am Tucherpark zum Essen und krachte unter lautem Getöse auf einem antiken Stuhl gen Boden. Anekdoten, die jeden Stammtisch amüsieren, die aber nicht wirklich lustig sind. Ich wurde zusehends dicker, ignorierte diesen Zustand aber.

Natürlich gab es immer mal wieder Menschen, die mich ansprachen auf mein Gewicht. Aber weder habe ich weniger geflirtet als vorher noch spürte ich irgendwelche gesundheitlichen Auswirkungen. Im Gegenteil: Ich war kerngesund und die Figur wurde zum Markenzeichen. Wenn ich im Lande unterwegs war, kamen Menschen und brachten mir Kuchen.

„Ist dieser Mann zu dick fürs Fernsehen?“

1996 war ich in der schwedischen Stadt Göteborg und lernte die TV-Show „Bingo-Lotto“ kennen. Ich war im Gespräch als TV-Moderator und plötzlich diskutierten alle möglichen Menschen um mich herum über die Frage: „Ist dieser Mann zu dick fürs Fernsehen?“ Ich sah mich nicht wirklich dick, sondern allenfalls ein wenig moppelig.

Zum Start von „Bingo!“ im Fernsehen ließ ich neue Anzüge machen. Sie passten perfekt, wurden nach zwei Jahren aber

10 sichere Methoden, garantiert zuzunehmen

- Brötchen mit Butter und Leberwurst (Fett + Kohlenhydrate schlagen sich direkt auf die Hüften)
- Milchshake (viel Zucker, viel Fett = Füllung für die Fettzellen)
- Schnelles Essen (das Hungergefühl wird überlistet, außerdem übersäuert der Körper)
- Döner mit allem (Kalorienbombe mit viel Fett und Kohlenhydraten)
- Schweinshaxe mit Knödeln (Kombination aus Fett und Kohlenhydraten)
- Currywurst mit Pommes Majo (viel Fett, viel Salz, viel Kohlenhydrate)
- Schmalzkuchen (Zucker und Fett)
- Grünkohl mit Bratkartoffeln und Pinkel (Fett & Kohlenhydrate)
- Chips und Cola (Salz, Zucker, Fett)
- Überbackenes Gyros mit Pommes (Fett & Kohlenhydrate)

enger und passten nach drei Jahren nicht mehr. 2001 machte mich Stefan Raab in seiner Sendung „TV Total" zum „Bingo-Bär", und das festigte mein Image. Der gutmütige, dicke Bingo-Bär, dem Essen über alles geht. Ich war weiterhin kerngesund, aber ich begann, meine Figur selbst zu kritisieren. Wenn ein Hemd nicht mehr passte, ließ ich eben ein neues schneidern. Vor zehn Jahren war ich noch ein Hänfling, wenn ich auf der Bühne zwischen den Wildecker Herzbuben stand. Bei der Tournee im Frühjahr 2004 war ich ebenbürtig - ein Dicker unter Dicken.

Auf der Waage hatte ich lange nicht mehr gestanden. Kein Wunder, denn die normale Waage macht bei 130 Kilo Schluss. Diese Marke hatte ich längst überschritten. Im Herbst 2004 ging ich in der Vorbereitung der FettWegShow auf die Waage. Der Zeiger zitterte, pendelte hin und her und blieb bei erschreckenden 189,5 Kilo stehen. Eine Zahl, die man auf seiner Waage nicht sehen möchte.

Innerhalb von gut 20 Jahren hatte ich mein Gewicht verdoppelt. Wie konnte das passieren?

Yam Nüa – Thailändischer Rindfleischsalat

Die thailändische Küche erobert Deutschland erst langsam. Nach Chinesen und Japanern entdecken die Menschen jetzt die Köstlichkeiten der Thai-Küche. Beim Abnehmen sind nicht alle Gerichte geeignet, die es in den freundlichen, traditionsbewussten Restaurants gibt. Bei der überaus leckeren Ente in Kokosmilch mit Reis zum Beispiel kann man fast zugucken, wie man zunimmt.

Aber in der Thai-Küche gibt es Gerichte, die unverwechselbar im Geschmack und echte Diätgerichte sind. Eines davon ist mein Leibgericht: viel Salat, viel Eiweiß, kaum Kohlenhydrate - also ideal. Es heißt Yam Nüa und ist so etwas wie ein scharfer Rindfleischsalat.

Radicchio gehört eigentlich nicht in dieses Rezept. Aber wer abnehmen will, muss mehr Salat essen. Und da kommt der leicht bittere Radicchio gerade recht.

Obwohl das Rezept sehr exotisch klingt, ist es nicht schwer - wir müssen für den Yam Nüa nur ein wenig schnippeln. Zunächst schneiden wir das magere Rindfleisch in dünne, mundgerechte Scheiben - nicht zu dünn, so etwa einen halben Zentimeter. Diese Scheiben werden jetzt zunächst in der Austernsauce und dem Saft von einer Limette mariniert und dann gegrillt oder gebraten - mit möglichst wenig Fett. Das dauert nur ganz kurz, und das Fleisch sollte möglichst in der Mitte einen rohen Kern haben. Dann das Fleisch aus der Pfanne nehmen und abkühlen lassen.

ZUTATEN

400 Gramm mageres Rinderfilet
8 Tomaten und 2 Zwiebeln
1 Schlangengurke aus dem Asia-Shop, ersatzweise
1 Salatgurke
3 Esslöffel Fischsauce aus dem Asiashop
3 Esslöffel Sojasauce
2 Esslöffel Austernsauce
2 Stängel Zitronengras
1 rote Paprika
4 Knoblauchzehen
4 rote frische Chilis
3 Limetten
4 Frühlingszwiebeln
Korianderblätter
Radicchio
Pfeffer

In die Pfanne rühren wir einige gehackte Korianderblätter, zwei geviertelte Stängel Zitronengras, gehackten Knoblauch, den Saft von zwei Limetten, die Sojasauce und schließlich die Fischsauce an. Die schmeckt übrigens nicht nach Fisch, sondern dient in der Thai-Küche eher zum Salzen. Diese Sauce jetzt ein paar Minuten köcheln lassen und dann über das Rindfleisch geben. Inzwischen haben wir den Radicchio in kleine Stücke geschnitten und geben ihn auf einen Teller, dazu die geviertelten Tomaten, die in Stücke geschnittene Gurke und die in Streifen geschnittene Paprika.

Nun müssen wir noch anrichten. Das Fleisch kommt auf den Radicchio. Die Chilischoten in dünne Scheiben schneiden und auf den Salat geben, ebenso die Frühlingszwiebeln. Zum Schluss kommen noch die in etwas dickere Scheiben geschnittenen Zwiebeln darauf und einige Blätter vom Koriander.

Jetzt noch einige Spritzer Limettensaft und etwas Pfeffer – und fertig ist der scharfe Salat. Und wer es nicht scharf mag, kann den Chili einfach weglassen. Aroy. Das ist Thailändisch und heißt „lecker“!

10 Gründe, warum schlanker besser ist

- Es sinkt das Risiko für Herzinfarkt und Schlaganfall
- Dünne haben mehr und besseren Sex
- Sie können Kleider von der Stange kaufen
- Sie bewegen sich, ohne nach kurzem außer Atem zu sein
- Dünne Menschen schwitzen meist weniger als Dicke
- Sie entlasten Sehnen und Gelenke
- Das Krebsrisiko sinkt
- Der Körper lagert weniger Giftstoffe ein
- Sie wirken attraktiver
- Sie werden geistig aktiver

Warum war ich früher eigentlich schlank?

Eine Zeitreise in die kulinarische und sportliche Vergangenheit: Gegessen habe ich schon immer gern und gut. Nicht als Baby, da war ich laut meiner Mutter pflegeleicht und schnell satt. Aber später als Kind liebte ich das Essen: Oma kochte gut, Mutter kochte gut und sogar mein Vater stand sonntags am Herd und zauberte allerhand leckeres. Schlank blieb ich trotzdem, denn ich war eigentlich ständig in Bewegung. Toben im Garten, Fußballspielen auf dem Hof, Schwimmen im Freibad und Fahrradfahren. Ich machte Radtouren, lief die 49 Stufen hinauf in die Wohnung in weniger als zehn Sekunden.

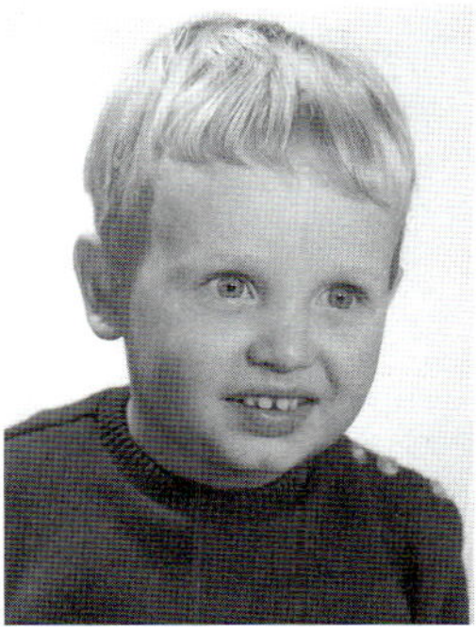

Irgendwann entdeckte ich dann die Liebe zu den Leckereien. Ich erforschte die Kunst des Kochens. Schnell merkte ich, dass mit Sahne und Butter die Gerichte besser schmecken als ohne. Meine Oma briet für ihr Leben gern Schweinefilets in der Pfanne und reichte dazu Erbsen und Möhren. Was mich darauf brachte, die Kochkünste meiner Oma in Frage zu stellen, weiß ich nicht mehr. Aber ich kam darauf, dass es doch noch leckerer schmecken muss, wenn ich ihr Rezept verfeinerte. So machte ich mit Butter, Kräutern und Sahne eine leckere Sauce zum Schweinefilet und in die Schale mit Erbsen und Möhren kam ein gutes Stück Butter. Perfekt, aber kalorienreich. Allerdings konnte ich gar nicht so viel essen, wie ich an Kalorien verbrauchte. Morgens

ging es zu Fuß zum Bahnhof, nach einer kurzen Bahnfahrt drei Kilometer vom Bahnhof zur Lutherschule in Hannover. Vor dem Unterricht spielten wir Jungs Fußball, in den großen Pausen auch. Dann zurück nach Hause. Am Nachmittag war ich mit meinen Freunden auf dem Fahrrad oder im Freibad, wir spielten Fußball oder Tennis. Ich war, glaube ich, 11 Jahre alt, als ich im Schwimmverein meine Bahnen zog. Anfangs einmal in der Woche, bald öfter und schließlich viermal wöchentlich.

Mit 14 Jahren fing ich als Reporter bei einer Lokalzeitung an. Ich hatte über Journalismus viel gelesen und war mir sicher, dass Reporter genau der richtige Beruf für mich wäre. Der Chef der Zeitung testete mein Talent und überschüttete mich sofort mit Arbeit. Ich durfte ab sofort von Termin zu Termin hetzen. Das ging, weil ich noch so jung war, natürlich nur mit dem Fahrrad. So schaffte ich viele, viele Kilometer am Tag.

Heute weiß ich: Ich war so viel in Bewegung, dass die Kalorien keine Chance hatten. Nach zwei Geschichten für die Zeitung war die Currywurst abgestrampelt, nach einer Trainingseinheit Schwimmen das Schweinefilet à la Thürnau vergessen.

Nach der Schule wurde dann vieles anders. Ich machte zunächst Zivildienst beim Roten Kreuz und fuhr Krankenwagen. Der Schichtdienst ließ mir nicht genügend Zeit für Sport und so wurden die wöchentlichen Trainingseinheiten weniger. Ich hatte auch nicht mehr die Zeit, mit dem Fahrrad zur Arbeit zu fahren – oder besser: Ich nahm mir nicht die Zeit. Irgendwann machte ich meinen Führerschein und legte die Strecken mit dem Auto zurück.

Der einstmals schlanke Michael war gefangen in der Kalorienfalle …

Während also der Kalorienverbrauch sank, stieg andererseits die Wichtigkeit der Mahlzeiten. Die elend langen Dienste beim Roten Kreuz wurden erträglicher durch die Vorfreude auf Essen. Ein üppiges Frühstück am Morgen, eine Currywurst auf dem Rückweg vom Notfalleinsatz, ein leckeres Stück Sahnetorte oder zwei am Nachmittag und am Abend ein Döner. Und danach schlafen auf dem Sofa in der Rettungswache. Und nachts auf dem Rückweg vom Einsatz noch ein Mars. Oder auch gern eine Cola gegen die Müdigkeit. Der einstmals schlanke Michael war gefangen in der Kalorienfalle. So kam der erste Speckring auf die Hüften. Der ging auch nicht weg, als ich Journalist wurde. Nie Zeit zum Essen, immer im Stress. Und wenn der Hunger dann den Willen besiegte: Alles auf einmal! Wer auf Reisen ist – und das war und bin ich an 300 Tagen im Jahr – findet leichter einen Schokoriegel oder ein Croissant als einen leckeren Salat. Sich gesund ernähren ist schwieriger als satt zu werden.

Ich als Teenager (oben) und als Kind (unten) – rank und schlank

Glauben Sie mir: Ich habe die meisten Dönerbuden zwischen Istanbul und Ihlowerfehn kennen gelernt. Ich habe an fast allen Hot-Dog-Ständen zwischen Nürnberg und New York gegessen. Ich war Gast in allen guten Restaurants zwischen Potsdam und Paris. Ich war in jeder Markthalle zwischen Berlin und Budapest.

Ich bin die optische Bestätigung einer wissenschaftlichen Formel: Wer seinen Kalorienverbrauch senkt und die Kalorienzufuhr steigert, wird dick. Das ist so sicher wie das Amen in der Kirche. Oder um eine besseres Bild zu benutzen: Das kommt so sicher wie das Dessert im Restaurant.

Gemüse im Blumentopf

ZUTATEN

1 Blumenkohl oder Broccoli
100 Gramm Rosenkohl
100 Gramm Karotten
100 Gramm frische Champignons
1 Aubergine oder Zucchini
4 Tomaten, etwas Distelöl
Salz und Pfeffer
2 Knoblauchzehen
1 Becher Schafsjoghurt
1 Bund Schnittlauch
4 saubere Blumentöpfe

Gemüse ist in Deutschland meist eine Beilage beim Hauptgang - ganz anders in den Ländern am Mittelmeer. In den Küchen von Griechenland, Italien, Spanien oder der Türkei spielt Gemüse oft die Hauptrolle. Vielleicht liegt das daran, dass in diesen Ländern dem Gemüse mehr Achtung entgegengebracht wird. Ich erinnere mich an meine Oma, an die ich sonst nur gute Gedanken habe. Aber ihr Gemüse war ungenießbar. Zu lange gekocht, weich und ausgelaugt, meist mit dicklichen Mehlsaucen übergossen - schrecklich. Gemüse mag ich erst, seitdem ich es anders zubereite - und da lernen wir viel von der mediterranen Küche. Bissfest muss es sein, frisch, gewürzt und mit herrlichem Eigengeschmack. Und weil Gerichte umso besser schmecken, je origineller der Name ist, nenne ich diese Gericht „Gemüse im Blumentopf".

Blumentöpfe? Jawohl, denn die sind aus Ton gemacht, sie speichern Wasser und sind eigentlich nichts anderes als kleine Römertöpfe, in denen man so herrlich schmoren kann. Außerdem hat so ein Blumentopf genau die richtige Größe für eine Mahlzeit, die satt, aber nicht dick macht.

Bevor wir uns dem Gemüse widmen, legen wir die vier Blumentöpfe in das gefüllte Waschbecken. Dass die Blumentöpfe völlig sauber sein müssen, ist selbstverständlich, oder?

Das Gemüse wird - bis auf die Pilze - gründlich gewaschen und zum Abtropfen in ein Sieb gelegt. Die Champignons gründlich mit einem Messer putzen und halbieren. Vom Blumenkohl (oder seinem grünen Verwandten Broccoli)

die Rößchen abtrennen. Die Karotten schälen und in mundgerechte Stücke schneiden. Die müssen aber deutlich kleiner sein als die Stücke vom Blumenkohl – denn Karotten garen langsamer.

Den Rosenkohl von den äußeren Blättern säubern, die Tomaten vierteln, die Auberginen in größere Würfel schneiden. Und das war es schon an Arbeit. Nur die Knoblauchzehen müssen wir noch ganz fein schneiden. Nun werden alle Gemüse vermischt und auf die Blumentöpfe verteilt. Dann den fein geschnittenen Knoblauch zugeben. Etwas salzen und pfeffern – und dann müssen die Blumentöpfe kopfüber auf einen feuerfesten Untersatz gestellt werden. Das können Teller aus Ihrem Schrank sein, die hitzefest sind. Ich nehme Blumentopf-Untersetzer, die es in jedem Baumarkt gibt.

Blumentöpfe haben auf der Unterseite ein kleines Loch, damit das Wasser aus der Gießkanne ablaufen kann. Und dieses Loch machen wir uns zunutze: Durch das Loch geben wir in jeden Blumentopf von oben einen kleinen Schuss Distelöl.

10 Todsünden für Dicke

- „Leichtes" Croissant-Frühstück
- Pralinenmischung am Abend
- Chips beim Fernsehen
- Light- und Diätprodukte
- Milchshake zum Burger
- Brot vor dem Essen
- XXL-Menü
- Hastiges Essen
- Alkohol vor dem Essen
- No Sports

Während die gefüllten Blumentöpfe dann bei 190 Grad eine halbe Stunde lang im vorgeheizten Backofen vor sich hinschmurgeln, verrühren wir noch den Joghurt mit etwas Salz und Pfeffer und Schnittlauch. Dieses Dressing kommt über unser Schmorgemüse, das wir am Ende der Garzeit aus dem Ofen holen. Ob man nun den Inhalt der Blumentöpfe auf einen Teller gibt oder gleich ganz rustikal aus dem Blumentopf löffelt – egal. Das Gemüse ist herrlich aromatisch, knackig und gesund. Es hätte – glaube ich – sogar meiner Oma geschmeckt.

Ein Tag im Leben des Michael T.

Eine Erkenntnis ist wichtig, wenn man wirklich abnehmen will: Ich bin selbst schuld, dass ich dick bin. Es liegt nicht am schweren Knochenbau, es ist auch nicht die Schuld der Gene. Und auch der Lieblingssatz der Dicken ist eine Lüge: „Ich esse nicht viel. Ich muss eine Torte nur anschauen, schon nehme ich zu."

Als ich beschloss, ernsthaft mein Gewicht zu reduzieren, gab es eine Bestandsaufnahme. Wie ist ein typischer Tag in meinem Leben? Was nehme ich an einem ganz normalen Tag zu mir? Wann esse ich und wann bewege ich mich? Buchführung in Sachen Zu- und Abnehmen also.

Ein beliebiger, durchschnittlicher Tag im Jahr 2003:

6.10 Uhr: Aufstehen, duschen, ein Kaffee.

7.15 Uhr: Ein Kaffee an der Tankstelle, zwei bis drei Schinken-Käse-Croissant an der Tankstelle. Danach eine Dose Cola light.

9.15 Uhr: Ein Kaffee im Radiostudio, ein Kollege bringt mir ein Salamibrötchen mit. Während der Sendung Cola oder Cola light.

12.00 Uhr: Ende der Sendung, schnell ins Büro, dann mit meinem Kollegen Lutz Ackermann zum Italiener. Dort zunächst einmal viel Weißbrot mit Olivenöl. Vorspeise: Antipasti mit Pizzabrot. Dann Nudeln mit Sahnesauce. Danach ein Dessert wie Tiramisu. Und zum Espresso noch ein paar Kekse.

15.30 Uhr: Auf dem Weg zur Veranstaltung Halt bei McDonald's. Ein Kaffee, zwei Schokomuffins.

18.00 Uhr: Abendessen in der Halle: Geschnetzeltes mit Kartoffelgratin.

20.45 Uhr: Während der Veranstaltung ein Schokopudding, dazu einen Kaffee.

0.30 Uhr: Heimfahrt, Cola light gegen die Müdigkeit.

1.30 Uhr: Heißhunger. Stopp bei McDonald's. Pommes frites und einen Big Mäc.

3.00 Uhr: Daheim, noch ein wenig vor dem Fernseher. Ein Stück Schokolade als Betthupferl, oder zwei, oder …

Am nächsten Morgen: Das schlechte Gewissen. Und der Schwur: Heute läuft es anders! Nichts essen bis Mittag, Das geht mit Not und vor lauter Arbeit merke ich den Hunger bis zum Abend nicht. Um 18 Uhr ein Termin, natürlich im Restaurant. Und wieder siegt der Heißhunger über die Vernunft: Mit der Entschuldigung vor dem eigenen Ich, dass ich ja den ganzen Tag nichts gegessen habe, bestelle ich reichlich. Was ich tagsüber nicht gegessen habe, schaufele ich jetzt doppelt in mich hinein.

5 Tipps, wie man die Diät durchhält

- Tagebuch führen
- Weg mit den zu groß gewordenen Hosen und Hemden
- Ein „dickes Foto" an den Spiegel im Bad kleben
- Regelmäßig wiegen lassen (mit Zeugen!)
- Keine Wunder erwarten und Zeit lassen beim Abnehmen

Wie gesagt: So lief früher ein *durchschnittlicher* Tag ab. Nicht jeder Tag. Aber viele Tage in meinem Leben. Essen als Dreh- und Angelpunkt des Lebens. Mahlzeiten als Belohnung eines stressigen Lebens.

Als ich meinen Tagesablauf zum ersten Mal vor Augen hatte, war mir klar: Es gibt jede Menge Möglichkeiten, Kalorien zu sparen. Eine ehrliche Buchführung der täglichen Mahlzeiten sollte immer am Beginn stehen, wenn man seine Lebensgewohnheiten ändern will.

Ich esse, also bin ich!

Warum ist Essen eigentlich so wichtig für mich? Geht es nur um den Genuss? Oder steckt etwas dahinter, dass mir etwas Gutes in der Kehle Sonne in die Seele bringt? Psychologen erklären Übergewicht oder Magersucht mit seelischen Problemen. Ich bin kein Fachmann, aber mir ist das zu einfach: Wenn ein Problem schuld an meiner Figur ist, dann bin ich nicht selbst dafür verantwortlich. Und niemand zwingt mich ja wirklich, beim Essen eine zweite Portion zu bestellen. Da bin ich ganz allein verantwortlich und nur ich selbst kann es ändern.

Immer hungrig: Ich und NDR-Reporterin Anja Westphal

Aber natürlich steckt schon etwas hinter meiner Lust auf Essen. Bei der Vorbereitung der FettWegShow fiel mir auf, dass ich Essen immer mit einem positiven Gefühl verbinde. Wenn ich esse, gönne ich mir ein wenig Ruhe. Ich esse nie, während ich arbeite. Klar, wenn ich mich zu Besprechungen treffe oder zu Terminen mit Geschäftspartnern, verbinde ich es immer mit einem Essen. Aber ich nasche nie beim Schreiben, esse nie, während ich Musik höre. Zum Essen mache ich eine Pause – vielleicht erkennt mein Körper ja, dass mir eine Pause gut tut. Und wenn ich dann in der Pause esse, empfinde ich Essen als etwas Ruhiges, Schönes. Kann das sein? Wenn ich mal frei habe, freue ich mich schon den ganzen Tag auf das Essen. Ich kann mir stundenlang vorstellen, wie der erste Bissen sein wird. Auf meiner

Kochen im Fernsehen: Andrea Griessmann und ich bei einer Aufzeichnung

Zunge spüre ich schon, wie der erste Tropfen kalten Weißweins schmeckt.

Ich lasse mir im Restaurant immer vom Kellner aufzählen, was es außerhalb der Karte gibt. Auch wenn ich schon weiß, was ich esse, möchte ich all die Leckereien hören.

Beim Segeln in Griechenland überlege ich den lieben langen Tag, ob ich am Abend Auberginen zur Dorade möchte oder Zucchini. Wenn ich beim Videodreh mit den Kastelruther Spatzen in Südtirol durch die Bergwelt fahre, reden ich und meine innere Stimme über Spinatkrapfen und Steinpilzrisotto.

Wenn die Arbeit getan ist, gibt es Essen. Und da am Ende eines langen Arbeitstages Zeit sein muss für Entspannung, gehe ich nie früh zu Bett. So bleibt lange Zeit zum Essen.

Ich esse auch gern in Gesellschaft. Wenn in großer Runde der Kellner fragt „Darf's noch etwas sein?" bin ich der Erste, der laut „Natürlich!" ruft. Schlechte Angewohnheit? Maßlosigkeit? Gier? Kann alles ein. Aber ich wäre nicht ich selbst, wenn ich nicht zu meiner Lust auf Essen stände. Das war mir auch wichtig, als die FettWegShow im Fernsehen begann: Ich wollte kein Kalorienzähler werden. Ich wollte nicht einer von denen werden, die lustlos satt werden, ohne Spaß beim Essen zu haben.

Wenn in großer Runde der Kellner fragt „Darf's noch etwas sein?" bin ich der Erste, der laut „Natürlich!" ruft.

Es galt also, ein Gefühl für „satt" zu entwickeln. Nicht mehr zu essen, wenn man nicht mehr essen will. Und trotzdem dabei Lust auf leckere Sache zu haben – ohne schlechtes Gewissen.

Rohe Roulade

Ein Rezept, das für Gesprächsstoff sorgt. Roulade roh? Rohes Fleisch? Das ist zunächst nicht jedermanns Sache. Aber wer es einmal probiert hat, wird vermutlich begeistert sein. Und so ungewöhnlich ist es ja nun auch nicht, rohes Rindfleisch zu essen. Tatar ist ja nichts anderes als rohes Rindfleisch, und die italienische Spezialität Carpaccio auch nicht – und Carpaccio ist momentan im wahrsten Sinne des Wortes in aller Munde.

Die Rohe Roulade findet man nicht häufig auf einer Speisekarte: Ich habe sie schon in Frankreich gegessen, und sie wird ausgezeichnet zubereitet in Celle, einer alten, historischen Stadt in Niedersachsen.

Die Zutaten müssen erstklassig sein und darum gehen wir zunächst einkaufen …

Das Rinderfilet besorgen wir beim Metzger unseres Vertrauens. Denn der garantiert uns, dass das Filet abgehangen ist. Und er kann uns auch das Filet ganz dünn schneiden – je dünner und größer desto besser. Die Scheibe muss rechteckig sein, nicht quadratisch, damit wir die Rohe Roulade nachher gut aufrollen können.

Eine alte Unsitte ist es, Rindfleisch in der Kühltruhe einzufrieren, um es dann dünner zu schneiden. Das ist völlig unnötig, wenn wir ein richtig scharfes Messer haben – und da können wir beim Metzger sicher sein.

Die großen, flachen Fleischstücke auf ein Brett legen, mit etwas Paprikapulver bestreuen und pfeffern – natürlich kommt der Pfeffer aus der Mühle. Gemahlener Pfeffer ist

ZUTATEN

4 Scheiben Rinderfilet, groß und ganz dünn geschnitten
1 Weißkohl
scharfer Senf
Pfeffer und Salz
Schnittlauch
1 Zwiebel
5 Salz- oder Gewürzgurken
Paprikapulver
Cayennepfeffer
2 Tomaten
1 Zitrone

scharf, hat aber kaum Aroma. Mit einem Messer dann ganz dünn den scharfen Senf auf das Fleisch streichen.

Nun kommt das gesunde Gemüse ins Spiel. Von dem Weißkohl die inneren Blätter säubern und eine Minute lang in kochendem Salzwasser blanchieren – in das Wasser gebe ich immer den Saft einer Zitrone. Das hält die Blätter schön grün.

Mit einem Küchentuch alle Kohlblätter trockentupfen. Wir brauchen davon so viele, dass wir alle Fleischstücke mit dem Kohl bedecken können. Eine Salz- oder Gewürzgurke der Länge nach vierteln, an den Rand der Fleischscheibe ein Gurkenstück legen und dann das Fleisch darum aufwickeln. Die Gurke bildet also den Kern der Roulade, dann kommt der Kohl und die gehackte Zwiebel, dann als äußere Hülle das Rindfleisch. Einen Schönheitspreis wollen wir dabei nicht gewinnen – die Rohe Roulade darf ruhig handgemacht aussehen.

Auf einem Holzbrett anrichten, mit ein wenig Cayennepfeffer bestreuen und fein geschnittenen Schnittlauch über die Rohe Roulade geben.

Auf jedem Teller noch eine Tomate und eine Gurke neben die Roulade legen und dann „Guten Appetit". Dieses Gericht schmeckt umso besser, je kleiner man die Bissen mit einem scharfen Messer schneidet. Dass wir zur Rohen Roulade keine Bratkartoffeln essen und kein Bier trinken, ist schade, aber es dient ja alles der Figur. Also trinken wir ein leckeres Wasser und essen lieber noch eine Extraportion Salat dazu.

Hier kommt der dicke Thürnau...

Dicke Menschen sind oft Gast in den Talkshows der kommerziellen Fernsehsender und erzählen von ihrem Leidensdruck. Klar: Die Werbung, die Medien, die Mode schaffen andere Vorbilder. Schlank ist schön, erfolgreiche Menschen tragen Größe 36. Allerdings ist dies nur der eine Teil der Wahrheit. Denn auch korpulente Menschen sind – um ein passendes Wortspiel zu gebrauchen – dick im Geschäft.

Die Figur macht also nicht immer den Unterschied aus zwischen Erfolg und Misserfolg. Als ich mit Anfang 20 meine ersten Sendungen im Radio machte, war ich schlanker als heute, aber ich war trotzdem schon „gut im Futter", wie es immer so harmlos heißt. Mein Bauch und mein Hunger waren schnell Thema bei den Kollegen und den Hörern. Ich glaube, dass ein Hörer sich die Stimme am Radio besser merken kann, wenn er sie mit einem Merkmal verbindet. Der „dicke Thürnau" war schnell ein Begriff beim Publikum. Vielleicht machte er mich einer großen Zahl von Hörern sogar sympathischer in einer Welt voller perfekter Menschen. Niemand wird beliebt, weil er dick ist. Aber wenn heute viele Moderatoren immer dem gleichen Typus „jung, hübsch, schlank" entsprechen, gewinnen die Außenseiter Kontur.

Beim Fernsehen gab es endlose Diskussionen, ob ein dicker Moderator eine Sendung moderieren sollte. Aber der NDR ist da mutiger als andere Sender. Und so wurde aus dem dicken Radioplauderer der dicke Bingo-Bär.

Für das Publikum war meine Figur nie ein Problem. Im Fernsehen habe ich damit kokettiert, auf der Bühne habe ich Bauch und

Hunger in die Show eingebaut. Viele der Auftritte sind inzwischen legendär: Ich verkleidet als Kastelruther Spatz. Ich mit Lutz Ackermann im Kostüm der Wildecker Herzbuben. Ich bin überall sofort zu erkennen. Wer mein Gesicht nicht vom Fernsehen kennt, erkennt mich an der Figur: Da kommt der dicke Thürnau.

Der Albtraum der Weight-Watchers: ich mit den Wildecker Herzbuben und dem Sänger Jan-Willem

Das war für mich nie ein Problem. Natürlich gab es auch den kleinen, aber immerhin vorhandenen Teil des Publikums, der mich beschimpfte. In anonymen Briefen standen Sätze wie „Friss nicht so viel, du Sau!" und andere mehr oder wenige intelligente Sätze.

Meine Figur war mein Image – und sie ist es immer noch. Auch heute (30 Kilo leichter) bin ich ja noch nicht schlank. Und aus mir wird auch in fünf Jahren wahrscheinlich kein Hungerhaken. Als ich mit meinem Produzenten Michael Heiks über das Abnehmen redete, war auch seine Position: „Das ist gut für dich. Aber es kann auch eine Veränderung deines Image bedeuten." In vielen Talkshows und Interviews bin ich das auch gefragt worden: „Ist die Ernährungsumstellung das Ende des Bingo-Bären? Mag das Publikum einen schlankeren Thürnau?"

Meine Probleme mit Hunger und Figur verbinden mich mit vielen Menschen. Ich kann viel besser die Sorgen und Nöte von ihnen verstehen, weil ich so lebe wie sie.

Wenn ich also den Kampf gegen die Pfunde annehme, bin ich sehr glaubwürdig. Darum bleibe ich auch weiterhin der „Bingo-Bär".

7 Dinge, die bei einer Diät nicht fehlen dürfen

- Eine genaue Waage
- Ein fester Wille
- Passende Sportschuhe
- Eine Untersuchung beim Hausarzt
- Ein wärmender Trainingsanzug
- Ein Pulsmesser
- Ein gefülltes Obst- und Gemüsefach im Kühlschrank

Thürnaus Hamburger im Salatmantel

Ein Leben ohne Hamburger? Können Sie sich das vorstellen? Natürlich ist ein Besuch bei McDonald's keine kulinarische Offenbarung. Aber ab und zu mal einen warmen, weichen, saftigen Hamburger - darauf mögen viele nicht verzichten, ich übrigens auch nicht.

Aber man muss ihn schon selbst machen. Sonst ist der Burger aus Brötchen, fetten Saucen und Fleisch nicht zum Essen geeignet, wenn man abnehmen will.

Sie werden sehen: Er schmeckt sogar besser als einer aus dem Schnellimbiss. Natürlich müssen wir nur beste Zutaten verwenden und wir müssen uns ein wenig Arbeit machen. Zum Beispiel können wir nicht einfach einen fertigen Ketchup verwenden, der viel zu viel Zucker enthält. Und auf überflüssige Zutaten wie Mayonnaise müssen wir ganz verzichten. Das aber dürfte für einen echten Feinschmecker kein Problem sein, denn Rindfleisch bedarf keiner Mayonnaise, um zu schmecken. Klar ist, dass wir unseren Hamburger auch nicht zwischen zwei pappige Brötchenhälften legen. Wir machen es leckerer. Die Zutaten kaufen wir möglichst frisch!

Die meiste Mühe macht der Einkauf des Rindermetts. Ich kaufe es nur beim Metzger in meinem Ort. Wer die Arbeit nicht scheut, kann sich Rindfleisch besorgen und selbst durch den Wolf drehen. Aber mein Metzger macht das gern für mich und es spart mir die Arbeit. Möglichst mager soll es sein, es muss aber nicht immer vom Filet sein - das ist ja auch eine Kostenfrage. Aber vom Rind muss es sein, halb Schwein, halb Rind ist für unsere Diät nicht geeignet.

ZUTATEN

1 Kopf Salat
600 Gramm mageres Rindermett
1 Gewürzgurke
1 Tomate
1 Zwiebel
Salz und Pfeffer
grüne Pfefferkörner
Senf, Tomatenmark
1 paar Scheiben Salatgurke
1 Esslöffel Sesamsamen
Brunnenkresse

Zunächst widmen wir uns dem Salat, der bei Thürnaus Hamburger als Hülle dient. Vom Salatkopf entfernen wir die äußeren Blätter und legen pro Burger ein großes Salatblatt zur Seite. Das wird dann mit kaltem Wasser abgespült und auf Küchenpapier gelegt – es muss später ganz trocken sein.

Aus dem Rindermett formen wir mit der Hand vier gleich große „Palletts", wie es bei McDonald's wohl heißt – also Frikadellen, Buletten, Fleischpflanzerl, ganz wie Sie mögen. Ob sie nun rund werden oder länglich – das ist egal. Sie sollten aber annähernd gleich dick sein. Dann werden sie mit einigen grünen Pfefferkörnern belegt, die wir leicht ins Mett hineindrücken.

Einen Teelöffel Öl in der Pfanne heiß werden lassen, die vier Rindfleischfrikadellen ungewürzt in die Pfanne geben und von jeder Seite kurz braten – wie lange, das hängt von Ihrem Geschmack ab. Der eine mag es gerne durch, der andere eher medium oder englisch. Wenn das Fleisch frisch durchgedreht wurde, gibt es keine hygienischen Bedenken.

Auf einem Küchentuch vom überschüssigen Fett befreien. Dann wird das Fleisch gesalzen und kräftig gepfeffert. Die Oberseite mit etwas Tomatenmark bestreichen und mit Kresse und Sesam bestreuen.

Nun jeweils ein Salatblatt auf der einen Hälfte mit etwas Senf bestreichen, mit zwei bis drei dünnen Scheiben Salatgurke belegen – und darauf kommt dann das gebratene Rindermett. Nun nur noch einige ganz dünne Scheibchen der Gewürzgurke, fein geschnittene Zwiebelringe und ein bis zwei Scheiben Tomate – fertig ist Thürnaus Hamburger. Das Salatblatt ersetzt also praktisch das Brötchen des klassischen Hamburgers.

Die zweite Hälfte des Salatblattes nur noch über das Fleisch klappen und dann können wir genießen – natürlich mit der Hand, genau wie es sich für einen Hamburger gehört.

Ich denk' mich schlank…

Als Kastelruther Spatz XXL

Nach vielen Diskussionen stand meine Entscheidung fest: Nach 40 Jahren ständiger Gewichtszunahme soll es nun bald in die andere Richtung gehen. Und aus meinen Diätbemühungen wird eine Fernsehsendung. Die Kamera ist dabei, wenn ich Big Mäc gegen Salat tausche, wenn ich Sport treibe und schwitze.

Mit einer Crash-Diät schnell 10 Pfund verlieren, das ist sicherlich kein Problem. Aber mein Gewichtsverlust soll dauerhaft sein. Schließlich würden die Zuschauer im Fernsehen sehen, wenn ich wieder zunehme.

Außerdem war ein Gedanke ganz wichtig: Jeder soll mitmachen können. Wir wollten im Fernsehen kein Big Brother mit Diätküche zeigen – wir wollen, dass unser Programm den ganzen Norden dünner macht.

Bei den Planungen waren wir schnell bei den Schwierigkeiten, die Menschen wie ich und du bei einer Diät bekommen können. Wer kann schon jeden Tag zwei Stunden im Fitnessstudio trainieren, wenn nebenbei gearbeitet wird? Wer kann jeden Tag drei Diätmahlzeiten kochen, wenn nebenbei eine Familie bekocht werden muss? Wer kann es sich leisten, jeden Tag eine große Schale exotischer Früchte zu kaufen? Die Antwort ist klar: Kaum jemand. Also muss mein Programm alltagstauglich sein, bezahlbar, einfach und möglichst wenig Zeit raubend.

Und so holte ich meine erste Motivation beim Arzt. Denn wer Übergewicht hat, sollte sich erst mal untersuchen lassen. Die große Erleichterung bei mir; ich war immer noch

kerngesund. „Das Einzige, was Sie haben, ist massives Übergewicht“, erklärte mir Dr. Michael Kirchberg. Das sei selten, dass ein Mensch mit knapp 190 Kilo nichts anderes habe. Es drohen Diabetes und Herzinfarkt, Bluthochdruck und Gicht, Rückenprobleme und alles andere, was man nicht bekommen möchte. Jedes Jahr mit dem Übergewicht, so der Facharzt, bringt mich näher an diese Krankheiten.

Jana, Nadine, Bettina vom Fernsehballett mit mir auf Tournee

Die nächste Motivation für mich war mein Coach. Er hatte selbst mal bei geringer Körpergröße über 110 Kilo gewogen – und er hatte nicht nur kräftig abgespeckt, sondern war auch zum Marathonläufer geworden.

Bevor wir uns an das Programm zum Abnehmen machten, schrieb ich mir ein paar Lehrsätze auf. Ganz einfache Sätze, Binsenweisheiten vielleicht, aber sie haben mir in den folgenden Wochen geholfen. Diese Sätze trage ich noch heute mit mir:

1. *Ich bin durch mein Leben dick geworden, also muss ich durch mein Leben dünner werden.*
2. *Der Mensch ist ein Gewohnheitstier. Also muss ich schlechte Gewohnheiten durch gute Gewohnheiten ersetzen.*
3. *Ich muss nicht verzichten, ich werde genießen und Lebensqualität gewinnen.*

Gemeinsam mit der Redaktion und meinem Coach entstand mein Programm. Als ich es das erste Mal schwarz auf weiß vor mir sah, war ich überrascht. Da stand nichts, was mich abschreckt. Keine

Geburtstagsfeier à la Thürnau: Kollegen gratulieren mit einer Sahnetorte

Rede von Gemüsesuppe oder Pillen. Keine eintönige Tüten-Nahrung. Da stand auch nichts, was mein Leben so verändern würde, dass ich in Zukunft hungern müsste.

Meine 10 Regeln:

1. Viel Obst essen
2. Keine Kohlenhydrate wie Brot, Nudeln, Reis, Kartoffeln
3. Jede Menge stilles Wasser trinken
4. Viel eiweißreiche Kost wie Fisch
5. Wenig Fett
6. Viel Gemüse
7. Möglichst täglich Sport wie Schwimmen oder Walken
8. Mehr Bewegung durch Treppe statt Fahrstuhl, Fußmarsch statt Auto
9. Regelmäßig wiegen
10. Viel Lachen, denn ein fröhlicher Geist macht einen schlanken Körper

Keine Zauberliste also, keine Wunderzutaten - dafür ganz einfache Regeln für ein neues Leben mit gesundem Essen und Sport. Nun konnte es losgehen mit der „Mission FettWegShow“.

Der Mensch ist, was er isst!

Schon bevor die erste Folge der FettWegShow gedreht wird, beginne ich mit meiner neuen Ernährung. Die allererste Regel: Langsam essen. Wer gut und lange kaut, wird schneller satt und isst weniger. Und ich mache bei einem Test eine besondere Entdeckung. Ich esse meine letzte Currywurst, scharf wie immer, aber ich esse sie ganz langsam. Und je länger ich sie kaue, desto weniger gut schmeckt sie mir. Das stelle ich seitdem immer wieder fest. Je länger ich kaue, desto mehr stellt sich die Qualität einer Ware heraus. Kauen Sie mal gründlich einen Tiefkühlhamburger aus der Mikrowelle! Sie werden Ihr Wunder erleben.

Für das richtig lange Kauen hilft ein Trick. Nach jedem Bissen muss man Löffel oder Gabel neben den Teller legen und erst wieder anfassen, wenn der Bissen gekaut und geschluckt ist.
Der zweite Schritt war der Einkauf. Als Erstes: Obst. Äpfel, Birnen, Trauben, Ananas, Mango – alles, was der Obststand hergibt. Mit zwei Ausnahmen: Bananen und Melonen enthalten zu viele Kohlenhydrate. Der FettWeg-Plan vermeidet Kohlenhydrate, verzichtet also auf Banane und Melone. Dann kaufe ich Quark und Joghurt, beides möglichst fettarm, Fisch und Gemüse, Käse. Und was ist mit Kartoffeln, Reis, Nudeln, Knäckebrot, Reiscrackern, Vollkornbrötchen – den Produkten, die ja geradezu in jeder herkömmlichen Diät den Schwerpunkt bilden? Was ist mit den Grundbausteinen der so genannten ausgewogenen Ernährung?

Bananen und Melonen enthalten zu viel Kohlenhydrate …

Die bleiben im Regal. Kohlenhydrate sind bei schlanken Menschen selten ein Problem. Zum Abnehmen taugen sie nicht. Ach ja: Wasser kaufe ich noch, kistenweise Wasser. Welches das ist, spielt keine Rolle, nur ohne Kohlensäure muss es sein. Das ist wichtig, weil sich bei meinem Abnehmprogramm die Fettzellen im Körper leeren und die ganzen darin gelagerten Stoffe aus dem Körper gespült werden müssen. Das geht nur mit viel Wasser, das diese Stoffe aufnehmen kann – und das kann eben Wasser ohne Kohlensäure am besten.

Kochen – aber gesund. Ich und Kandidatin Dagmar Hoppe-Kutschenreuter live im Studio bei der FettWegShow

Und so stellt sich schon am ersten Tag ein neuer Rhythmus heraus. Der Tag beginnt seitdem mit einem großen Glas Wasser. Zum Frühstück Obst mit Quark oder Joghurt, aber ohne Haferflocken oder Cornflakes. Ab und an morgens Rührei mit Tomaten, aber meist Obst. Und den Quark mit Eiweißpulver verrühren gibt einen besonderen Effekt zur Fettverbrennung.

Zwischendurch ist Obst erlaubt, und das schmeckt richtig lecker. Jahrelang hatte ich wenig Äpfel oder Birnen gegessen und jetzt entdeckte ich, wie lecker Obst ist. Auch ja: Kaffee zwischendurch natürlich. Ich trinke ihn mit wenig Milch und ohne Zucker, und das ist in Ordnung.

... jetzt entdecke ich, wie lecker Obst ist ...

Mittags gibt es: Obst. Oder gegrillten Fisch. Und viel Gemüse. Auf Brot vor dem Essen und Dessert hinterher verzichte ich, und das ist kein Problem. Nachmittags wieder Obst, abends Salat oder Gemüse, da gibt es so viele Möglichkeiten, dass es nicht langweilig wird. Statt Schokolade oder Chips ist dann noch ein Stück Käse erlaubt. Und vor dem Schlafengehen ein großes Glas Wasser.

Signierstunde: Im Buchhandel unterschreibe ich die ersten Exemplare von „Thürnaus Tolle Torten"

Das Schöne ist: Auch kalorienarm gibt es Abwechslung. Heute Blumenkohl, morgen Auberginen oder Äpfel, morgen Birnen. Statt Fisch ein Stück gegrilltes Fleisch mit Rosenkohl. Beim Italiener Salat und Sardinen. Beim Griechen Bauernsalat und ein Steak. Zuhause Gemüseauflauf. Im Auto Obst. Nach drei Tagen ohne Schnellimbiss beginnt man, das neue Essen zu lieben. Es stellt sich mittags wieder Hunger ein. Jahrelang hatte ich immer Appetit, aber selten Hunger. Jetzt freue ich mich auf Obst.

Ich habe nie geglaubt, dass meine Ernährung in den vergangenen Jahren Einfluss auf mich hatte. Mit 5-Gänge-Menüs und Fast Food, mit üppigem Frühstück und Abenden im Restaurant habe ich mich großartig gefühlt. Jetzt spüre ich die Veränderung: Ich schlafe besser. Ich bin wacher. So platt es klingt, aber es stimmt: Ich fühle mich leichter.

Linsensalat mit Fisch

Dieses Gericht heißt Salat, ist aber eine wahre Freude für jeden Feinschmecker - vorausgesetzt, wir nehmen die richtigen Zutaten. Linsen begegnen uns in Deutschland ja meist als „Linsensuppe“ mit gekochtem Bauchfleisch oder einem Würstchen. In Schwaben gibt es eine andere Linsen-Spezialität: Linsen mit Spätzle - lecker, wenn es gut gemacht ist.

Ich kombiniere die Linsen gerne mit deftigen Leckereien. In Frankreich bekommt man in jedem Bistro Gerichte wie Linsensalat mit Wachteln oder warme Linsen mit Lyoner Würstchen. Wer allerdings auf die Kalorien achten will oder muss, kann die Linsen wunderbar mit Fisch kombinieren. Das ist leckeres Eiweiß, gesund und kalorienarm.

Zunächst widmen wir uns den Hauptdarstellern, den Linsen. Zur Linsensuppe in Deutschland werden die größeren, braunen Exemplare verwendet. Für unseren Salat nehmen wir aber besser die kleinen, grünen, die aus Frankreich kommen und ungleich zarter sind - allerdings beim Kochen ihre Farbe verlieren. Oder aber die roten Linsen, die eine wichtige Rolle spielen in der afrikanischen Küche. Schmeckt anders, aber nicht schlechter. Die Linsen waschen, dann hinein in das kochende Salzwasser. Ich habe schon Köche getroffen, die ihre Linsen lieber in Gemüsebrühe kochen. Aber ich finde das überflüssig, weil die Linsen später sowieso ihren Geschmack durch das Salatdressing bekommen. Auch auf das Einweichen verzichte ich, sie werden auch so gar. Dafür wechsle ich nach den ersten Minuten gern das Kochwasser, weil es sich durch die Linsen sehr verfärbt. Also raus mit den Linsen,

ZUTATEN

600 Gramm weißen Fisch, zum Beispiel Goldbarsch oder Rotbarsch
600 Gramm Linsen, vorzugsweise von den kleinen grünen
2 Stangen Lauch
eine handvoll grüne Pfefferkörner
1 Schalotte, glatte Petersilie
Olivenöl
Weißwein-Essig
1 Esslöffel scharfer Senf
2 Knoblauchzehen
1 Esslöffel Senf
Pfeffer und Salz
1 Esslöffel Tomatenmark

frisches Wasser zum Kochen bringen, kräftig salzen und wieder kochen. Nach spätestens einer halben Stunde Gesamtkochzeit sollten die Linsen gar sein.

Ich lasse sie abtropfen und dünste noch schnell den Lauch, den ich klein geschnitten habe.

Eigentlich ist nun die Arbeit getan. Wir müssen nur noch das Dressing machen, die Vinaigrette. Dazu einen kleinen Schuss Olivenöl, einen großen Schuss Essig und einen Löffel scharfen Senf verrühren.

Auch an Linsensuppe gebe ich immer gern einen Schuss Essig, er harmoniert bestens mit dem leicht nussigen Geschmack der Linsen. Also: Nicht geizen mit dem Essig. Es sollte übrigens kein aromatisierter Essig sein, also lieber ein guter Weinessig statt Himbeeressig.

In die Vinaigrette kommen jetzt die ganz fein geschnittenen Schalotten, der Löffel Tomatenmark, der durchgepresste Knoblauch sowie Pfeffer und Salz. Die Linsen sind kleine Aromafresser, also ruhig ein wenig überwürzen.

Jetzt wird die Vinaigrette kräftig durchgerührt oder mit einem Stabmixer aufgeschlagen. Zum kulinarischen Glück fehlen jetzt nur noch die Fischfilets, die wir erst gedünstet und dann im fein geschrotetem grünen Pfeffer gewälzt haben.

Die Linsen verrühren wir mit dem Lauch, verteilen alles auf die Teller. Mit Petersilie belegen, den Fisch darauf anrichten und zum Schluss noch die Vinaigrette über alles gießen. Das muss nun noch ein paar Minuten durchziehen, und es schmeckt lauwarm genauso gut wie heiß.

Planspiele – die FettWegShow entsteht

Eine Show, die Abnehmen zum Thema hat, ist natürlich viel mehr, als nur einem dicken Moderator beim Abnehmen zuzuschauen. Als feststand, dass im Januar die FettWegShow zum ersten Mal ausgestrahlt wird, begannen die Vorbereitungen für die Sendung. Die Vorgaben des NDR, der die Show ausstrahlt: Unterhaltend soll sie sein, jeder soll mitmachen können, es soll klare Regeln geben und: Der Moderator soll sichtbar abnehmen.

Das gab die ersten Diskussionen: Wie viele Kilo muss ich abnehmen, damit es sichtbar ist? Wenn Claudia Schiffer 5 Kilo abnimmt, wirkt sie wahrscheinlich magersüchtig. Bei mir sind 10 Kilo nur ein bescheidener Anfang. Da trafen in den Konferenzen die unterschiedlichen Meinungen aufeinander: Michael Thürnau muss abnehmen, aber nicht zu viel, weil das ungesund ist. Quatsch, sagten die nächsten, bei seinem Gewicht kann er ruhig kräftig abspecken. Die dritte Meinung: Er muss hungern, dass die Schwarte kracht.

Wer 190 Kilo wiegt, kann ohne Risiken in zehn Wochen 25 Kilo abspecken.

Mein Arzt und der Coach trafen dann die Entscheidung: Wer 190 Kilo wiegt, kann ohne Risiken in zehn Wochen 25 Kilo abspecken. Natürlich nur, wenn seine Werte überwacht werden. Trotzdem gab es viele Reaktionen auf diese Zahl. Stellen Sie sich vor: 5 Pfund pro Woche, das sind

Rat vom Fachmann: Ich mit Dr. Jan Liffers (links) Im Fitness-Studio mit Moderatorin Katrin Krebs

zehn Packungen Butter. Das erschien vielen zu viel. Darum haben wir zu Beginn der Sendung auch deutlich gesagt: Diese Zahl gilt nicht für jeden. Jeder ernsthafte Versuch, massiv Gewicht zu verlieren, sollte von einem Arzt begleitet werden. Dabei sollten die Blutwerte kontrolliert werden, aber auch der Blutdruck.

Eine Sendung wird nur von vielen Zuschauern eingeschaltet, wenn sie Überraschendes bietet. Also war der nächste Teil der Planungen der unterhaltsame Teil. Wann immer ich mein Ziel erreichte (2,5 Kilo weniger pro Woche), sollte es eine Belohnung geben. Und natürlich eine Bestrafung für den Fall, dass ich nicht oder zu wenig abnehme. Die tollsten Ideen entstanden. Besonderes Augenmerk legte die Redaktion auf die FettWegGruppen. In allen Bundesländern des Nordens suchten wir unter Bewerbern Mitglieder für die Gruppen. Unterstützt von der AOK trafen sich diese Gruppen regelmäßig, um wie ich vor der Kamera abzunehmen. Tolle Menschen habe ich da kennen gelernt, ganz unterschiedlich. Da waren einige, die unter ihrer Figur stark litten, da waren andere, die es jahrelang versucht hatten mit vie-

8 Dinge, die man als Dicker nicht uneingeschränkt tun kann

- Sex nach dem Kamasutra
- Marathon laufen
- Free Climbing
- Stabhochsprung
- Achterbahn fahren
- Schuhe problemlos zubinden
- Aktuelle Mode tragen
- Im Flugzeug bequem sitzen

Freunde und Kollegen: Peter Buchmann und ich

len Diäten. Und es gab auch die Dicken, die sich eigentlich wohl fühlten, aber Angst vor den Folgeschäden des Übergewichtes hatten.

Lange Diskussionen führten wir auch über die Frage: Wer moderiert mit mir die FettWegShow? Die Wahl fiel auf meine Kollegin Katrin Krebs, die als Reporterin bei „Bingo!" arbeitet und bei vielen Zuschauern bekannt und beliebt ist. Auf den ersten Blick passt sie nicht in eine Abnehmshow. Katrin ist eine junge Frau mit perfekter Figur. Aber genau das war richtig. Denn nicht jeder Zuschauer hatte Verständnis für mich und mein Gewicht. Während ein Teil des Publikums mit mir litt, war Katrin das Sprachrohr der Menschen, die nie Figurprobleme hatten. „Wer zu dick ist, muss sich bewegen und weniger fressen", war der Tenor bei diesem Teil des Publikums. In der FettWegShow kommen sie alle zu Wort.

Die Show konnte beginnen …

10 ewig schlanke Sexsymbole

- Claudia Schiffer
- James Dean
- Gina Lollobrigida
- Marilyn Monroe
- James Bond
- Clark Gable
- Brad Pritt
- Brigitte Bardot
- Kleopatra
- Sophia Loren

Teil II

Die Story eines Selbstversuchs

Meine Zeit mit der „FettWeg-Show“: Ein Tagebuch

Woche 1

Neujahr

Es ist Neujahr 2005. Um Punkt 0 Uhr habe ich das neue Jahr begrüßt – nicht daheim, sondern im Hörfunkstudio des NDR. Seit 18 Jahren moderiere ich die NDR-Silvesterparty. Wenn alles gut geht, werde ich in einem Jahr beträchtlich dünner sein als heute. Nach Glockenläuten, Kaiserwalzer und einigen Böllern im Anschluss an die Sendung geht es heim. Zeit zum Abschiednehmen von lieb gewonnenen Gewohnheiten. Vor dem Fernseher trinke ich einen schottischen Whisky. Alkohol ist sowieso eine seltene Ausnahme bei mir – aber den „Single Malt-Whisky“ werde ich vermissen. Noch ganze vier Tage – dann wird abgespeckt. Im Radio habe ich übrigens zum ersten Mal von meiner neuen Show erzählt, es kommen gleich Mails von „Sie schaffen es“ bis zu „Hauptsache, Sie bleiben der Bingo-Bär“.

Nach dem Aufstehen bleibt Zeit zum Nachdenken über das neue Jahr und die FettWegShow. Inzwischen hat mein Coach meinen Plan zum Abnehmen festgelegt: Wenig Fett werde ich essen, kaum Kohlenhydrate, reichlich Gemüse und Obst und viel Eiweiß. Verzichten muss ich auf Hamburger, auf Nudeln mit Sahnesauce, auf Kartoffeln und Reis.

Dienstag

Natürlich könnte ich bis zum Start der Sendung noch schlemmen. Aber ist es nicht besser, nicht immer alles auf morgen zu verschieben? Als ich am Abend meine Freunde und Geschäftspartner treffe, stoßen wir im Hotel auf eine gelungene neue Show an.

Nicht mit Sekt, sondern mit Mineralwasser. Und zum ersten Mal erlebe ich, auf was ich verzichten muss. Am Nebentisch wird nämlich getafelt: Grünkohl mit Pinkel, dazu Bier. Das, sagt mein Ernährungsplan, ist zu fettig. Die Kombination aus Fett und Kohlenhydraten macht satt, aber dick. Ein Bier am Tag ist wäre okay, aber: Bier macht hungrig! Ein Gefühl, das ich nicht gebrauchen kann.

Mittwoch

Am Mittwoch zeichnen wir Folge 1 der FettWegShow auf. Um 13 Uhr komme ich ins Studio, rede mit meiner Moderatorin Katrin Krebs und mit Regisseurin Geli Fuchs. Und natürlich mit dem Produzenten der Show: mein Freund Dr. Michael Heiks.

Nach der Aufzeichnung: ich und meine Redakteurinnen

Wer abnehmen will, darf nicht hungern – er muss essen, aber das Richtige. Nachmittags also ein Snack in der Garderobe. Die Kollegen bekommen warmes, gefülltes Brot, Brötchen mit Fleischsalat und leckeren Kuchen. Für mich gibt es Tomatensalat mit Champignons. Lecker, aber der Duft des warmen Brotes treibt mir die Tränen in die Augen.

Eines ist besonders erfreulich bei der Aufzeichnung der ersten Show. Ich bringe beim Wiegen genau 180 Kilo auf die Waage – das ist viel. Es waren aber schon deutlich mehr. Mein Höchstgewicht waren 189,5 Kilo. Was keiner weiß: Ich habe schon seit Anfang Dezember getestet, ob das Programm funktioniert. Es funktioniert! Der Abend klingt aus im Hotel am Flughafen. Zur Feier des Tages trinke ich ein Glas Weißwein. Die Gäste nebenan essen Fleisch mit Kartoffelgratin. Ich habe keinen Hunger, aber tierische Lust darauf. Egal, nach einer halben Stunde ist es vergessen.

Ich bin stolz auf mich.

Donnerstag

Am Vormittag geht es zum Sport. Bewegung muss sein, habe ich gelernt. Mein optimaler Pulsbereich liegt bei 115. Schlägt er beim Sport schneller, nehme ich nicht ab. Liegt er darunter, verbrenne ich zu wenig Fett. Ich walke unter Anleitung vom Hotel durch die Straßen, eine halbe Stunde lang. Danach Frühstück mit Obst und Eiweiß – mir geht es gut. Obwohl: Auf dem Frühstücksbuffet sind frische Brötchen und Leberwurst – mich überkommt die Fresslust. Aber ich beherrsche mich. Hoffentlich lässt die Lust auf diese Dinge irgendwann nach.

„Ich träume von einer luftgetrockneten Salami auf Brötchen mit leicht gesalzener Butter."

Am Nachmittag fahre ich nach Ibbenbüren. Dort beginnt meine Frühjahrstournee. Hunger? Nein, überhaupt nicht. Ich esse Äpfel. Nach drei Stunden ist die Show vorüber. Publikum glücklich und ich: müde. Relativ satt fahre ich nach Hause. Dort noch eine Scheibe Käse und dann ab ins Bett. Ich träume von einer luftgetrockneten Salami auf Brötchen mit leicht gesalzener Butter.

Freitag

Morgens gibt es daheim ein Obstfrühstück, dann ab nach Hannover. An meiner Stammtankstelle kaufe ich einen Kaffee zum Mitnehmen. Es duftet so herrlich nach gefüllten Croissants. Früher habe ich morgens schon mal zwei davon gekauft und im Auto gegessen. „Eine Kalorienbombe", erklärt mir mein Coach. Wenig Volumen mit viel Fett – das ist vorerst gestrichen.

Dann geht es ab nach Hamburg. Nachmittags erst ein Zeitungsinterview, danach bin ich Gast in der „Aktuellen Schaubude" im NDR-Fernsehen bei Madeleine Wehle und Ludger Abeln.

Dem leckeren Schaubuden-Buffet kann ich widerstehen, denn morgen wartet wieder die Waage. Unterwegs leuchten an der Autobahn in Bispingen die gelben Bögen von McDonald's.

„Jetzt einen Big Mäc", denke ich. Aber das sind über 600 Kalorien, und so lasse ich es. *Trotzdem: Die Versuchung lauert überall.*

Samstag

Ausschlafen, dann etwas rudern auf meinem neuen Heimrudergerät. Dann auf zur Tournee. Im Theater von Nienburg an der Weser war die Abendvorstellung so schnell ausverkauft, dass es am Nachmittag eine zweite Vorstellung gibt. Das heißt: zweimal Konzentration.

Am Eingang verkaufe ich wie immer meine Bücher und andere Artikel. Das Geschäft boomt, aber es gibt erste Fragen: „Na, Herr Thürnau, Ihr Tortenbuch ist ja toll, aber Torte dürfen Sie ja nun nicht mehr essen!" Stimmt, aber der Verkauf brummt trotzdem. Zwischendurch blättere ich in meinem eigenen Buch. Ich kann beim Lesen auf der Zunge förmlich meine ungebackene Käsetorte schmecken. Zwei Äpfel und drei Liter Wasser lassen mich durchhalten.

Autogrammstunde bei der Starparade

Sonntag

Kein freier Tag. Weckerklingeln um 8, um kurz vor 10 Uhr betrete ich das Hörfunkstudio des NDR und meine Sendung beginnt. Für den Hörfunk schlägt mein Herz und ich bin wie immer mit Leib und Seele dabei. Ich spiele mit den Hörern und ich erzähle von Vorsätzen für das neue Jahr – natürlich auch von dem, dass ich abspecken werde. Das ist wichtig, habe ich gelernt. Je mehr Menschen man vom Abnehmen erzählt, desto mehr setzt man sich selbst unter Druck. Druck, der einen den Hunger manchmal vergessen lässt.

Um Punkt 11.45 Uhr folgt mein Sonntagsritual: Ich bestelle in Hannovers Sushi-Lokal Nummer 1 mein Mittagessen. Wie immer

Schon 15 kg weniger – mit einer Zuschauerin bei der FettWegShow Folge 5.

Jo-Sashimi, rohen Fisch also. Dazu Kim Chee, einen vergorenen, scharfen Kohlsalat. Nur auf Reis muss ich verzichten, hat mir mein Coach erklärt. Reis erhöht den Blutzuckerspiegel und das kann man beim Abnehmen nicht gebrauchen. Also meide ich Kohlenhydrate und verzichte auf den Reis.

Nach der Hörfunksendung geht es ins Bingo-Studio. Die Show läuft klasse und ich verzichte schweren Herzens auf den Kuchen, den unsere Catering-Perle Petra sonst immer für mich zurücklegt.

Abends falle ich todmüde ins Bett, nachdem ich im Büro noch zwei Stunden gearbeitet habe. Magenknurren habe ich nicht, aber Lust auf Essen? Ja, die ist da. Wie immer in den vergangenen Jahren.

Montag

Ab heute sind die Zuschauer jeden Tag dabei. Wir drehen, wie so ein Tag abläuft im Leben eines Menschen, der abnehmen will und trotzdem nebenher ganz normal arbeiten muss.

Im Gegensatz zu all den Menschen, die mit mir abnehmen, werde ich allerdings von meiner Maskenbildnerin Julia Reich geschminkt. Wir treffen im Hotel Kameramann Maik Behres mit seinem Team und drehen einen Film, den die Zuschauer in einer Woche in der FettWegShow sehen werden. Zwischendurch Mittagessen im Hotel-Restaurant. Es gibt Salat mit Fisch. Sehr lecker, aber dann: *„Herr Thürnau, darf es noch ein Dessert sein? Wir hätten heute …"* Ich will es nicht hören.

Thema der Reportage heute ist die Bewegung. Wir drehen beim Walken am Neuen Rathaus in Hannover, im Hotel und in der Natur. Es wird lustig, aber spät. Abends dann Auftritt im Theater am Aegi. Beim Anblick des Schokokuchens in der Theaterkantine bekomme ich eine Heißhungerattacke. Nur mit eisernem Willen kann ich dem mächtigen Gebäck widerstehen. Der Abend klingt aus mit Kollegen in einer Kultkneipe in Hannover. Statt meiner üblichen Currywurst esse ich Ofenkartoffel mit Gemüse. Der Duft von Curry und saftigem Ketchup zieht in meine Nase – vom Nebentisch. Ich rede mir selbst gut zu: zu fett, zu salzig, zu viele Kohlenhydrate …

Ich liege später im Bett und bin satt. Manchmal muss man nur der Versuchung widerstehen. Und: Jahrelang kannte ich das Gefühl von Hunger nicht mehr. Ich hatte Appetit, eigentlich immer, und ich gab diesem Gefühl nach. Dann war ich satt – mehr als satt. Und wartete auf den nächsten Appetit. Richtigen Hunger kannte ich eigentlich gar nicht. Dabei ist Hunger eigentlich ein gutes Gefühl, wenn man danach etwas essen kann.

„Jahrelang kannte ich das Gefühl von Hunger nicht mehr."

Woche 2

Dienstag

Die FettWegShow ist erfolgreich gestartet, das zeigen die Einschaltquoten auf dem Computer. Ich frühstücke Äpfel, arbeite im Büro und fahre dann nach Rheine. Dort ist heute die Tournee zu Gast in der Stadthalle.

Wie immer in Rheine bummle ich vor der Veranstaltung durch den Supermarkt neben der Halle. Schokoriegel, Schinken, Pralinen – all das lacht mich an aus den Regalen. Aber ich kann widerstehen und kaufe nur Weintrauben.

Und Wasser: Da ich abnehme, muss das Gift aus den sich auflösenden Fettzellen aus dem Körper gespült werden. Dazu muss ich viel Wasser trinken – drei bis vier Liter pro Tag. So kaufe ich Wasser ein und überstehe Veranstaltung und Heimfahrt bestens.

Fischstäbchen in Zucchini-Hülle

Es ist eines der Lieblingsgerichte unserer Kinder: Fischstäbchen kommen in der Beliebtheit gleich nach Pommes, Pizza und Spaghetti. Und tatsächlich sind die goldbraunen Fischstangen besser als ihr Ruf – mit ein paar Einschränkungen. Der Fisch jedenfalls ist gesund und von höchster Qualität. Schade eigentlich, dass er zwischen eine relativ geschmacksneutrale Panade gepresst wird. Diese Panade hat noch einen weiteren Nachteil: Sie saugt das Fett auf und macht Fischstäbchen zu einer Kalorienbombe. Eigentlich müsste man Fischstäbchen schälen wie eine Banane, wenn man sie kalorienarm auf den Tisch bringen will. Fischstäbchen kann man natürlich auch prima selbst machen.

Wer gerade keine Diät macht, kann die Fischfilets zum Beispiel in Kartoffelstreifen wickeln und in schäumender Butter bräunen. Aber bei der FettWegShow wollen wir ja möglichst auf Kohlenhydrate verzichten – also verzichten wir auch auf die Kartoffelkruste. Machen wir doch eine schöne Kruste aus einem gesunden Gemüse – aus Zucchini. Und statt Ketchup gibt es dazu Granatapfelkerne.

ZUTATEN

- 600 Gramm Seelachsfilets
- 4 Zucchini
- Schnittlauch
- 2 Orangen
- 2 Granatäpfel
- Salz und Pfeffer
- 600 Gramm Rosenkohl
- Distelöl
- Rosmarin

Seelachs ist nur eine der möglichen Fischsorten, zudem eine preiswerte. Wir können aber auch Goldbarsch nehmen oder Victoriabarsch. Fischstäbchen muss man essen, ohne an Gräten zu denken. Deshalb sind sie ja so beliebt bei Kindern. Also müssen wir die Fischfilets sorgfältig von Gräten befreien, falls sich doch noch die ein oder andere versteckt hat.

Die Filets werden dann so geschnitten, dass sie die Form eines Fischstäbchens haben – also rechteckig, nicht zu dick, aber gleichmäßig. Dann müssen wir die Zucchini waschen und mit einem Gemüsehobel in ganz dünne Scheiben schneiden. Die Zucchinischeiben sollen die Hülle für unsere Fischstäbchen bilden, darum müssen wir sie der Länge nach hobeln.

Die Fischstücke mit ein wenig Orangensaft beträufeln, salzen und pfeffern und dann mit den Zucchinischeiben umwickeln. Damit es hält, nehmen wir einen Stängel vom Schnittlauch, wickeln es um Fisch und Zucchini und knoten es vorsichtig zu. Das erfordert ein wenig Geschick, geht aber spätestens beim dritten Stäbchen leicht von der Hand.

Während in einem Topf schon der Rosenkohl gart, der die knackige Beilage ist für unsere Fischstäbchen, geben wir etwas Distelöl in eine Pfanne. Nicht zu heiß werden lassen und die leckeren Stäbchen nebeneinander in die Pfanne legen. Kurz von allen Seiten anbraten, mit dem Saft einer Orange ablöschen. Der Deckel kommt auf die Pfanne und dann lassen wir die Fischstäbchen gar dünsten.

Den frischen Rosmarin mit einem Messer fein hacken und von allen Seiten auf die Fischstäbchen streuen. Dann die Pfanne noch einmal richtig heiß werden lassen und bei geöffnetem Deckel die Fischstäbchen außen knusprig werden lassen.

Mittwoch

Auch in der Küche muss ich mich umstellen: Ich war ein Meister des späten Frühstücks. Früher schaffte ich es, bis kurz vor Mittag nichts zu essen, und dann nach den ersten zwei Stunden Büro richtig zuzuschlagen: Brötchen, Mett, Käse, Nutella! Heute trinke ich erst einmal Wasser, dann Kaffee. Und dann frühstücke ich Obst. Das Verrückte dabei ist: Es schmeckt richtig gut! Weintrauben, Äpfel, Orangen – nur keine Bananen und Melonen, die haben zu viele Kohlenhydrate. Bananen kann ich essen, wenn ich einen Marathon laufe, sagt Matthias Fricke, zum Abnehmen sind die falsch.

Am Abend dünste ich mir Broccoli – mit Sojasauce sehr lecker. Etwas Warmes im Bauch und es geht mir gut. Nicht, dass ich nicht noch eine große Schüssel Nudeln essen könnte. Aber ich kann mich beherrschen.

Donnerstag

Die Bördehalle in Hoheneggelsen ist voll und wirklich jeder spricht mich auf die FettWegShow an. Während einer Tournee werden Künstler und Moderatoren natürlich verpflegt – im so genannten Catering. Das ist manchmal lecker, manchmal nicht. Kalorienarm ist es selten. Oft gibt es Geschnetzeltes, oft auch Braten, dazu Reis oder Kartoffelgratin, als Nachtisch Pudding oder Rote Grütze. Für Menschen, die auf Diät sind, also das reinste Gift. Obwohl: Ich mache keine Diät! Das ist in meinem Programm ein wichtiger Punkt. Eine Diät hat nämlich einen Nachteil: Es gibt einen letzten Tag einer Diät. Was macht man danach? Alles wie früher? Dann kommen die Pfunde zurück. Bei mir ist es eine Änderung des Verhaltens. Aufhören zu essen, wenn man satt ist. Bewusster auf die Sachen schauen, die man isst. Also entscheide ich mich bewusst gegen das Essen und esse Äpfel. Am Nachmittag hatte ich in einem italienischen Feinkostladen in Hannover schon einen riesigen Salat mit Mozzarella. Der hat mich satt gemacht, und so konnte ich auf Nudeln verzichten. Am Nebentisch wird fröhlich alles gegessen. Und zum ersten Mal seit langem fällt mir auf, wie viele Menschen eigentlich Probleme haben mit ihrem Gewicht.

Auf Tournee mit Elisa und Semino Rossi

Vor der Show flirtet eine junge, hübsche Frau mit mir. „Nehmen Sie nicht so viel ab, ich mag Sie, wie Sie sind", sagt sie. Aber ihretwegen werde ich jetzt keinen Schokopudding essen. Die Herausforderung steht: 25 Kilo in zehn Wochen, und das alles in der Öffentlichkeit. Ob ich mein Ziel nun genau erreiche, ist nicht wichtig. Aber wenn ich nicht kräftig Gewicht verliere, mache ich mich unglaubwürdig.

Die Show in Hoheneggelsen dauert länger als normal, die Zuschauer toben und so gibt es Zugaben. In der Pause hat mir eine entzückende Dame Schokolade geschenkt. Lieb gemeint, aber ich bleibe tapfer. Mein Sohn freut sich, denn er kann jetzt allein Naschen ohne einen Futterkonkurrenten.

Freitag

Mein erster Weg führt heute zu meinem Arzt. Mein Produzent hat mich verpflichtet, regelmäßig alle Werte zu überprüfen und mich untersuchen zu lassen. Gewichtsabnahme sollte immer vom Arzt begleitet werden.

Der Doktor ist zufrieden. Kein erhöhter Blutdruck, kein erhöhter Blutzucker, nichts. „Sie sind ein Glückskind", sagt er mir. „Sie haben nur Übergewicht, sonst nichts. Kein erhöhtes Cholesterin, kein Bluthochdruck, keine Diabetes. Das ist bei Ihrem Gewicht sehr selten. Danken Sie Ihren Eltern für die guten Gene."

Im Funkhaus esse ich Obst, trinke Wasser, mache meine Arbeit, dann fahre ich zu meiner Friseurin. Ihr fällt auf, das ich abgenommen habe – ein Lob tut Menschen gut. Frisch frisiert fahre ich endlose Kilometer über die Landstraße nach Uelzen. Komisch: Ich kenne jede Pommesbude an der Straße. Jahrelang habe ich hier gegessen. Jetzt halte ich mich fit mit Wasser und im Theater an der Ilmenau esse ich im Catering Salat. Im Keller neben den Garderoben gibt es dort den Theaterkeller, ein Restaurant, in dem Besucher nach der Show essen und trinken. Bilde ich mir das nur ein oder riecht es da nach Bockwurst mit Kartoffelsalat? Egal – ich halte durch.

Am Abend am Tourneestand kommt eine Frau zu mir und ist sauer. Warum ich denn nun auch noch abnehmen will? Wir Dicken seien doch gemütlich. Und überhaupt: Wer dünn sei, der sei nur zu faul zum Essen. Und sie fühle sich wohl als Dicke. Argumente, die ich auch jahrelang benutzt habe.

Auf dem Weg nach Hause zwei Äpfel, daheim ein wenig alter Gouda. Komisch, wie sehr man sich auf einen simplen Genuss freut.

Treffen bei der Buchmesse 2003: Niedersachsens Ministerpräsident Christian Wulff bekommt das erste Tortenbuch

Sonnabend

Ein Vormittag im Büro, das Frühstück erst um 12 Uhr mittags in Form von gedünstetem Broccoli. Dann treffe ich meinen Coach im Hotel. Er hat erstaunliche Sachen recherchiert: Statt eines simplen Schokoladenriegels kann man über 2 Kilo Tomaten essen und hat immer noch weniger Kalorien im Bauch.

Nach drei Stunden Arbeit ab im Auto in die alte Residenzstadt Celle. Vor der Veranstaltung fahren wir in ein uriges Restaurant. Dort bekommt man eine wunderbare Spezialität: Rohe Roulade (S. 23). Das ist ein Rinderfilet, dünn geschnitten und mit Kohl und Pfeffer und Senf gewickelt zu einer Roulade. Dass ein wenig roher Speck daran ist, stört meinen Coach nicht. Nur auf die Bratkartoffeln muss ich verzichten. Schade, aber nicht wirklich schlimm. Der Wirt ist erstaunt. Heute keine Vorpeise? Nein, danke!

Ich mit Melanie Anschütz bei der Bingo!-Show

Nicht doch ein Bier, Herr Thürnau? Nein, danke, auch nicht!

Nach der Rohen Roulade, langsam gegessen, bin ich satt. Der leckere Pudding im Catering an der Halle trifft mich trotzdem unvorbereitet. Aber ich kann widerstehen.

Abends auf der Heimfahrt das Gefühl: Morgen geht es auf die Waage und da wird bestimmt was passiert sein.

Sonntag

Ein Sonntag wie jeder Sonntag, und doch ein wenig anders. Heute nehmen wir zum ersten Mal am Abend nach „Bingo!" die neue FettWegShow auf. Noch bevor ich die Maske betrete, steige ich auf die Waage. Geschafft: Abgenommen! Nicht ganz die geplanten 2,5 Kilo, aber immerhin.

Zufrieden kaue ich mein Sashimi. Mit solchen Erfolgserlebnissen lässt sich ein Tag ohne Kuchen besser ertragen.

In der Bingo-Show ist ein lieber Freund zu Gast. Jan-Willem, ein Mann mit meinem Format. Mit dem ich auch zurzeit auf Tournee bin. Er akzeptiert seine Figur, irgendwie ist es auch sein Markenzeichen geworden. Aber er hat sich von einem anderen Laster getrennt: Statt früher 60 bis 80 Zigaretten am Tag raucht er jetzt „nur" noch ein paar Zigarren am Tag, meist auf der Bühne, denn so kennt ihn sein Publikum.

Nach „Bingo!" dann Vorbereiten für die FettWegShow. Vor der Probe esse ich – anders als früher – keine belegten Brötchen, keinen schnellen Hamburger. Unsere Küchenfee hat mit dem Coach Salat und Gemüse bereitet.

Entspannung nach Drehschluss: Kameramann Maik, Regieassistentin Daniela, ich und mein Coach Matthias

Zwei wunderschöne Mädchen treten mit mir auf: Nancy und Marina. Die beiden sehen nicht nur anders aus, sie bewegen sich auch anders. Auch wenn ich gesund bin, ist mein Bewegungsapparat doch eingeschränkt. Ich komme mit meinen Fingerspitzen nicht auf die Erde. Anders als die beiden Damen. Okay, auch das ist ein Ansporn. Ihr werdet euch noch wundern, wenn ich erst schlanker bin … Am Ende der Sendung trete ich auf die Waage: 177,8 Kilo wiege ich jetzt. Damit habe ich 2,2 Kilo abgenommen. Nicht schlecht, oder?

Nach einem 14-Stunden-Arbeitstag ab ins Bett. Ohne Hunger schlafe ich ein.

Montag

Früh klingelt der Wecker, ich gehe nach dem Duschen zu Fuß zum Bäcker. Natürlich kaufe ich keine Brötchen beim Bäcker, sondern eine Zeitung. Die Käsebrötchen lachen mich an, aber ich bleibe brav. Eine richtige Fressattacke habe ich nicht gehabt.

Übrigens: Fitness im Alltag ist mein neues Lieblingsmotto. Nutze jede Gelegenheit zur Bewegung. Also gehe ich zu Fuß zur Bank,

zum Einkaufen, zum Zeitungholen. Früher bin ich auch diese Strecken mit dem Auto gefahren.

Im NDR-Funkhaus drehen wir dann auch für Sendung in einer Woche. Die Idee der Reportage: Fitness dort, wo es möglich ist. Also gehen wir in das Sprengel-Museum und machen dort Gymnastik an der Treppe. Am Museum wird es richtig anstrengend. Wir laufen die Treppen hoch. Einmal zur Probe, noch einmal zur Probe. Dann in anderen Kameraeinstellungen, dann noch mal und noch mal. Eine halbe Stunde hieve ich meine 177,8 Kilo hoch und runter und bin fix und fertig. Wir drehen noch in der Fußgängerzone am Schnellimbiss. Mein Coach erklärt vor der Kamera, warum Fast Food dick macht. Schliesslich gibt es einen Tofu-Burger zum Essen mit Salat.

Zum ersten Mal werde ich dann schwach. Bei McDonald's bestelle ich einen Salat und einen Big Mäc. Nicht, dass er wirklich schmeckt, aber er ist warm und weich. Hinterher bereue ich es. Aber drin ist drin. Mit schlechtem Gewissen sitze ich abends im Büro.

Zum ersten Mal werde ich dann schwach. Bei McDonald's bestelle ich einen Salat und einen Big Mäc.

Käsefondue mit Rosenkohl und Broccoli

Auf manche Leckereien muss man verzichten, wenn man abnehmen will. Oder man muss das Rezept so verändern, dass man ohne schlechtes Gewissen genießen kann. Das ist ja das besondere an der FettWeg-Show: Nicht verzichten, sondern genießen.

Eine meiner liebsten Leckereien ist das Schweizer Käsefondue. Zugeben: Schwere Kost! Fetter Käse mit Weißbrot, dazu meist noch Alkohol – Prädikat „Ungeeignet für eine Diät".

Wer wie ich trotzdem nicht auf das Fondue verzichten möchte, muss es also anders zubereiten. Es ist genauso lecker wie das Original, aber ungleich gesünder.

ZUTATEN

- 1 Broccoli
- 500 Gramm Rosenkohl
- 300 Gramm Greyerzer
- 200 Gramm Appenzeller
- 1 Knoblauchzehe
- Salz, Muskatnuss, Paprika, Pfeffer
- 1 kleiner Esslöffel Speisestärke, zum Beispiel Maizena
- 1 Spritzer Zitronensaft
- 0,2 Liter Gemüsebrühe

Das Problem am klassischen Käsefondue ist die Kombination aus Fett und Kohlenhydraten. Nun kann man beim Käsefondue schlecht den Käse weglassen. Aber die Kohlenhydrate raus – das geht ohne Probleme. Das Brot beim Fondue dient ja hauptsächlich als Unterlage für den würzigen Käse. Ersetzen wir also diese Unterlage – und zwar durch gesundes Gemüse. Und wenn wir jetzt noch die Ration Käse verkleinern und die Portion Gemüse erhöhen, steht einem leckeren Mahl ohne Reue nichts mehr im Weg.

Natürlich gibt es in jedem Supermarkt heute auch ganz ordentliches Fertig-Fondue, das in wenigen Minuten fertig ist. Trotzdem lohnt die Mühe, das Fondue frisch zuzubereiten. Dafür müssen wir zunächst einmal die beiden Käsesorten auf einer Reibe raspeln oder mit einer Küchenmaschine zerkleinern. Die beiden Käse sollten übrigens nicht mehr ganz jung sein. Dann eine Knoblauchzehe halbieren,

damit den Fonduetopf (Rechaud) ausreiben und danach fein würfeln. Diese Knoblauchwürfel kommen mit dem Greyerzer in einen Topf. Wenn er zu schmelzen beginnt, kräftig durchrühren und langsam die Gemüsebrühe dazugießen.

Die Käse-Brühe-Mischung beginnt bald aufzukochen. Das ist der Moment, in dem wir den restlichen Käse zugeben. Unter Rühren ebenfalls schmelzen lassen. Dann rasch die Speisestärke mit dem Zitronensaft und ein wenig Wasser glatt rühren – und dann hinein in die Käsemasse. Wenn die Mischung jetzt noch einmal kräftig aufkocht, müssen wir ganz kräftig rühren – damit es nicht anbrennt und sich die gesamte Käsemasse bindet. Jetzt schnell abschmecken mit etwas Paprika, einem Hauch frisch geriebener Muskatnuss und einigen Drehungen der Pfeffermühle. Wenn das Fondue jetzt zu dickflüssig ist, könnten wir noch ein wenig Gemüsebrühe zugeben. Ist es zu dünn, können wir mit etwas aufgelöster Speisestärke nachhelfen. Aber Achtung: Nach dem Schmelzen ruhig zwei Minuten ruhen lassen, das Fondue reagiert mit Verzögerung.

Ist es dann fertig, geben wir das Fondue in den vorgewärmten Rechaud. In der Zwischenzeit haben wir schon den Rosenkohl und den Broccoli in mundgerechte Stücke geschnitten und in kochendem Salzwasser gegart. Wichtig ist, dass das Gemüse nicht verkocht, bissfest muss es noch sein.

Mit einer Fonduegabel spießt dann jeder ein Stück Gemüse auf und dreht es im Käse – herrlich. Als Getränk zum Fondue reichen die Schweizer übrigens ungesüßten Schwarztee, seine Enzyme spalten das Eiweiß im Käse. Außerdem ist Tee ein ideales Getränk, denn es ist kalorienfrei.

Dienstag

Zum Frühstück gibt es Obst und Kaffee. Nach dem Tag im Büro mache ich mich auf nach Stade zur Show im Stadeum. Unterwegs gehe ich in einen Supermarkt und kaufe Äpfel. Früher war Apfel Apfel für mich, jetzt lerne ich die unterschiedlichen Äpfel kennen. Sonst hat mich nur interessiert, wie ich Äpfel beim Kochen verwende. Nun esse ich sie roh und schon der Einkauf wird zum Erlebnis. Grün oder gelb oder rot? Fest oder weich, groß oder klein. Ich kaufe Äpfel aus dem Alten Land und bin versorgt. In Stade kenne ich die tollsten Restaurants und ich hadere mit meinem Schicksal. Am Hafen steht auf einer Tafel „Matjes mit Bratkartoffeln". Mir läuft das Wasser im Mund zusammen. Aber das schlechte Gewissen wegen meines Besuches bei McDonald's lässt mich tapfer sein.

G.G. Anderson mit mir und vielen Kollegen auf Tournee

G. G. Anderson, mein Freund und Kollege bei der Tournee, lässt es sich im Restaurant neben der Halle gut gehen. Er erzählt von seinem Menü, als er vor seinem Auftritt hinter die Bühne kommt. Ich kriege Hunger. Aber im Gegensatz zu mir kann sich G.G. von der Figur her jedes Menü leisten. Er ist schlank, ich bin noch dick. Also hat er das Menü und ich die Äpfel.

Im Auto auf der Heimfahrt lasse ich mir von einem Hörbuch die Zeit vertreiben. Der Erzähler berichtet von einem italienischen Menü in einem feinen Restaurant. Mir läuft das Wasser im Mund zusammen und ich schalte ich um auf Radio. Dort erzählt gerade ein Politiker, wir müssten alle den Gürtel enger schnallen. Ha, ha, sehr witzig. Ich schalte ab und fahre in Stille nach Hause. Stille, bis auf mein Magenknurren.

Mittwoch

Bürotag. Ich frühstücke Obst und ziehe mir meine Laufschuhe an. Heute geht es zum Walken. Das soll ich machen, so oft es geht, sagt mein Coach. Immer mit dem richtigen Puls von 115. Ich gehe durch die Felder und Wiesen in meinem Dorf, es tut gut.

Wissen Sie, was komisch ist? Solange ich unterwegs bin zum Arbeiten, ist Hunger ein großes Problem. Bin ich am Schreibtisch, wird er zum sehr großen Problem. Jahrelang habe ich Denkpausen benutzt, um mich mit Essen zu versorgen: ein Honigbrötchen, eine Schale Cornflakes, ein Wurstbrot, Käse – nichts habe ich ausgelassen. Ich bin ein Vielarbeiter. Wenn ich am Schreibtisch sitze, brauche ich diese kreativen Pausen. Sie nicht mit Essen zu überbrücken ist ungewohnt. Aber auch das lerne ich. Ich brühe mir einen Ingweraufguss. Das habe ich in einer Zeitung gelesen. Viel trinken ist gut, weil es Giftstoffe ausschwemmt. Ingwer, zumal als rohe Wurzel, ist gesund. Es regt den Stoffwechsel an und darum ist ein Ingweraufguss ideal. Tatsächlich schmeckt es mir gut und ich trinke eine große Kanne. Wer abnimmt, friert leichter, habe ich gelernt. Und so wärmt mich der Tee.

Im Zoo Hannover muss ich schuften, unter anderem im Elefantengehege.

Donnerstag

Besuch in meiner Redaktion in Hannover. Redakteurin Natascha Unbehaun ist von Natur aus skeptisch. Sie arbeitet mit Hochdruck an der Show, aber sie glaubt nicht so recht an meinen Abnehmerfolg. Wir kabbeln uns und sie muss zugeben, dass sie vieles in Sachen Ernährung nicht weiß. Dinge, die auch ich erst lernen musste: Warum Zucker so schlecht ist, wenn man dünner werden will. Warum Kalorie nicht gleich Kalorie ist. Warum Kohlenhydrate verhindern, dass man schlank wird.

Inzwischen stehen Details zu unserem Dreh am Samstag fest. Da ich in der vergangenen Show meine Vorgabe von 2,5 Kilo nicht erreicht habe, gibt es eine Bestrafung für mich. Im Zoo Han-

nover muss ich schuften, unter anderem im Elefantengehege. Mit viel Freude erklären mir Natascha Unbehaun und Silke Leinweber, was mich im Einzelnen erwartet.

Dann geht es schon weiter. Ich muss zur Tournee nach Lübeck. Schon an der Autobahnausfahrt die erste Werbung für den Exportschlager Nummer 1 aus Lübeck: Marzipan. Wetten, dass heute Abend viele Zuschauer etwas davon mitbringen?

Die Halle ist wunderschön, die MuK in Lübeck ist ein legendärer Saal. Und für mich wie geschaffen. Von der Bühne geht es 40 endlose Stufen hinauf zur Garderobe und das laufe ich an diesem Abend bestimmt 20-mal.

Als sich die Türen eine Stunde vor der Show öffnen, ist mein Tourneestand gleich umlagert. Manche wollen ein Buch kaufen, andere ein Bingo-Bärchen – und viele halten grinsend eine Schachtel Marzipan in der Hand. Ja, wer auf Diät ist, hat immer was zu lachen.

Aber Obst ist eine wunderbare Sache und so fahre ich durch die Nacht nach Hause. Nicht, dass ich richtig satt bin. Aber Hunger habe ich nicht.

Freitag

Ein Bürotag mit Mittagessen. Ich bereite im NDR meine Hörfunkshow vor, treffe mich mit meinem Verleger beim Essen. Ich

Elefanten haben ein Bild für Katrin und mich gemalt

gönne mir ein Rinderfilet mit Gemüse und dazu viel Wasser. Bei einem Espresso ist die Welt dann wieder in Ordnung, obwohl ich jetzt immer die köstlichen Kaffeebohnen in Schokohülle liegen lasse. Früher aß ich immer eine Extraportion davon. Oh, schöne Zeit ...

Sonnabend

Heute findet im Zoo in Hannover meine erste Bestrafungsaktion statt. Es ist schönes, eiskaltes Wetter. Im Nilpferdhaus füttere ich die mächtigen Tiere mit Kohlköpfen – ein Happs und der Riesenkohlkopf ist weg. Vielleicht sind Nilpferde deshalb so dick, weil sie schlingen? Ich soll ja langsam essen, um zu merken, wann ich satt bin – das habe ich von meinem Coach gelernt. Nächste Station: Pelikane füttern. Ich schiebe den gierigen Tieren jeweils einen ganzen Fisch in den Hals, sie drängeln, flattern, picken, und ich habe eine Vision: Wie ich die leckeren Fische, die ich hier an Pelikane verfüttere, mit Kräutern fülle, ihnen dünne Knoblauchscheiben unter die Haut schiebe und sie langsam knusprig grille ...

Im Zoorestaurant esse ich Salat mit Oliven, alle anderen an den Nebentischen essen Nudeln, Pommes, Currywurst, Schlachteplatte und andere Leckereien. Hilft alles nix, morgen wird ja gewogen.

Der nächste Dreh dann im Elefantengehege. Ich muss ausmisten. Mit Schaufel und Schubkarre fege ich das beiseite, was die großen, schönen Tiere unter sich fallen lassen. Und das ist viel, sehr viel. Nach einer Stunde blitzt das Gehege und ich lege noch das Futter im Elefantenhaus aus. Schlagkaputt höre ich die Worte „Drehschluss – Feierabend", aber für mich geht es weiter. Die Stadthalle in Walsrode und eine Menge Besucher warten auf mich. Vom Buffet im Catering suche ich mir Fleisch und Gemüse und lasse das Kartoffelgratin stehen. Die Show läuft toll, aber in der Pause überkommt mich die Lust auf eine fettige Bockwurst mit Salat. Aber ich bleibe standhaft, lehne auch dankend Ferrero-Küsschen ab und esse nichts mehr. Auf dem Heimweg zähle ich entlang der Autobahn fünfmal McDonald's, drei Burger King und 'ne Menge Imbisse.

Sonntag

Bingo – wie jeden Sonntag. Ich genieße immer die halbe Stunde, in der ich mich in Ruhe auf die Sendung vorbereiten kann. Dabei esse ich Sashimi, den rohen Fisch, und dazu immer gern eine große Portion Kim Chee. Das ist vergorener, scharfer Weißkohl mit Knoblauch und Chili. Heute ist im Bingo-Team besondere Aufregung, denn wir haben einen Riesen-Jackpot und eine besondere Aktion: Weil ich eine Wette in der vergangenen Sendung verloren hatte, muss ich heute live in der Sendung baden gehen.

Im Studio steht eine Riesenbadewanne aus Holz und seit Stunden läuft eiskaltes Wasser aus der Leitung hinein. Studioboss Axel Fahlbusch findet es nur bedingt lustig, denn nach der Sendung vor dem Umbau zur FettWegShow müssen Wasser und Wanne so

schnell wie möglich raus aus dem Studio – zusätzliche Arbeit an einem sowieso schon hektischem Tag.

Dann nach den Proben umziehen, ich begrüße wie jeden Sonntag die Besucher, mache mit Gewinnern eines Preisausschreibens eine VIP-Führung durch das Studio. Dann umziehen, dann die Sendung. Ich bin gut drauf, es sind nur nette Gewinner am Telefon, und Norddeutschland wartet auf kurz vor sechs.

Nach dem Finale lasse ich mir von Melanie die Schwimmflügel umbinden, ziehe nur die Schuhe aus und lasse mich aus einem Meter Höhe in die Wanne fallen. Kameramann Maik ist nass, ich bin nass, das halbe Studio auch – und eine der lustigsten Shows geht zu Ende.

Zum Autogrammschreiben bleibe ich in der Wanne und werde dabei Dutzende Male fotografiert.

Dann raus aus dem Wasser und abtrocknen. Mir ist kalt, aber Kälte zehrt am Gewicht. Ich hätte große Lust auf Schokolade. Aber meine Redaktion hat recherchiert, wie viele Kalorien in alltäglichen Lebensmitteln sind. Ein Schokoriegel zum Beispiel hat 100 davon, eine Handvoll Gummibärchen auch. Unglaublich, denke ich und kaue mein Gemüse: Blumenkohl und Salat.

Dann Proben für die FettWegShow und die Aufzeichnung. In der Sendung walke ich, denn Nordic Walking ist eine Schlüsselstelle in meinem Abnehmprogramm. Nach 70 Minuten ist die Show im Kasten und ich bin stolz: 3,8 Kilo habe ich abgenommen. Das ist klasse und ich bekomme dafür eine Belohnung: Am kommenden Samstag darf ich in der Autostadt Wolfsburg Geländewagen fahren, Rodeln und mich im heissen Whirlpool verwöhnen lassen.

Wer abnimmt, muss sich von Zeit zu Zeit auch belohnen …

Montag

Der Wecker reißt mich aus dem Bett, als ich von Currywurst träume. Aber: Ich fühle mich gut. Aufstehen ist leichter, seit ich abnehme. Ich trinke Kaffee, rudere eine Viertelstunde auf meinem Rudergerät und dann fahre ich mit Matthias zum ersten Dreh des Tages nach Hannover. In der Galeria Kaufhof drehen wir im Schlemmerparadies. Dort bin ich Stammkunde und ich leide: Während ich vor der Kamera stehe, steigen mir Düfte und Erinnerungen in den Kopf. Hier gibt es Steinpilzpesto, Salami, Obatzd'n, Schinken, leckere Drinks und alles, was der Bauch begehrt.

Mit der Geschäftsführerin Angelika Seidenstricker esse ich dann mittags aber nur einen Salat samt Fisch. Es ist lecker und tröstet mich über meine kulinarischen Erinnerungen hinweg.

Dann fahren wir ins Stadionbad, dem großen Schwimmstadion direkt neben dem Stadion. „Aquagymnastik“ hat mein Coach empfohlen, das ist gut zum Fettverbrennen, und wir wollen filmen, wenn ich im Wasser zur Musik Gymnastik mache.

Das ist leichter gesagt als getan, denn in der tropischen Luft beschlägt erst mal die Kamera. Beim lustigen Dreh in der Umkleide kommen ständig Schülergruppen dazwischen, die in die Kamera winken. Dann sind wir im Wasser, und wie immer im Fernsehen dauert es lange. Viele Besucher sind extra zum Dreh ins Bad gekommen und so schreibe ich zwischendurch fleißig Autogramme.

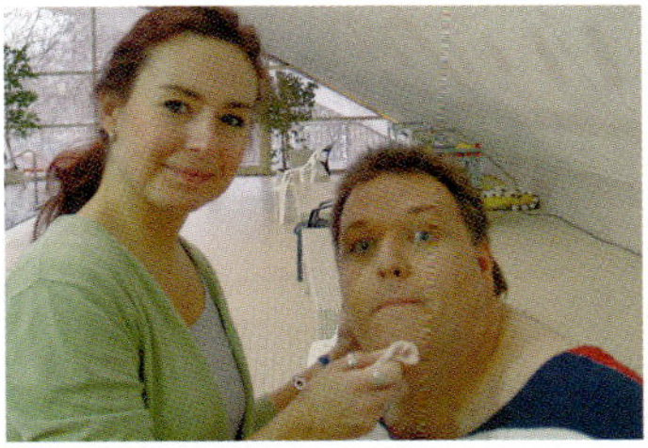

Schön im Schwimbad: Maskenbildnerin Julia Reich und ich

Früher als Kind bin ich viel geschwommen, war sogar ein passabler Leistungsschwimmer. Als ich aufgehört habe zu trainieren, kamen die Pfunde. Konsequent also, das ich jetzt im Wasser wieder welche verliere.

Dann habe ich wieder mal eine zu große Klappe: „Wollen wir noch am Sprungturm drehen?“, will ich von Kameramann Maik wissen. Der ist begeistert und so wagen wir es. Ich vom 5-Meter-Turm, Katrin und Matthias vom 3-Meter-Brett – da müssten wir gleichzeitig unten sein. Das ist die Theorie. Die Praxis: Ich mache fast einen Rückzieher! Von oben sieht es nämlich bedeutend höher aus als von unten. Egal, jetzt sind drei Kameras in Warteposition. Piet taucht mit einer Unterwasserkamera in vier Metern Tiefe, Maik steht am Beckenrand und Redakteur Norbert filmt durch ein Fenster unterhalb des Sprungbeckens.

Anlauf, Sprung und Klatsch! Der Weg nach unten ist endlos lang, der Spritzer gewaltig, es gibt Applaus vom Publikum. Klar, dass Maik es gern noch einmal drehen möchte.

Es ist seit Stunden dunkel, als ich fertig bin. Der Abend klingt aus im Sultan Palace in Hannover, einem wunderbaren Restaurant im Stadtteil Herrenhausen mit osmanischen Spezialitäten. „Wenn ich in das Kleid der Chefin passe, habe ich es geschafft“, denke ich und bestelle Gemüse im Tontopf. Kein Kebab, keinen Lammspieß, auch kein Sahleb (Zimtmilch) und schon gar nicht „Sultans Verzückung“, ein sahniges, warmes Etwas aus Gries.

Italienischer Tomatensalat

Salat ist in Deutschland inzwischen in jedem Restaurant auf der Speisekarte. Bis in die 80er-Jahre bekamen wir Kunden in Deutschland Salat meist als Beilage zum Hauptgericht – legendär ist da ja zum Beispiel der Gurkensalat zum Sonntagsbraten. Das hat sich geändert, aber trotzdem ist Salat in Deutschland noch immer etwas anderes als in anderen Ländern. Der berühmte „Salat mit Thunfisch und Schafskäse" steht in fast jedem Restaurant auf der Speisekarte, aber ist er lecker? Selten, denn meist kommt trockener Thunfisch aus der Dose hinein, der nur deshalb nicht staubt, weil er in billigem Öl schwimmt. Und der Schafskäse entpuppt sich meist als geschmacksneutraler Feta aus pasteurisierter Kuhmilch. Nun kann man einen Salat auch aus anderen Gründen essen. Zum Beispiel, weil man abnehmen möchte. Aber auch dazu taugen viele Salate nicht. In manch griechischem Bauernsalat ist eine Dose Maiskörner verarbeitet, das Dressing ist fett und voller Zucker, es gibt Brot zum Salat – alles Zutaten, die eines nicht sind: geeignet zum Abnehmen.

Dass sich „lecker" und „gesund" beim Salat durchaus paaren können, zeigt mein Italienischer Tomatensalat.

Wichtig ist die Qualität der Zutaten. Die Tomaten müssen rot und aromatisch sein. Der Käse darf selbstverständlich nicht fertig gerieben sein. Wir müssen ihn – wie Käse allgemein – am Stück kaufen. Rucola gibt es inzwischen in jedem Supermarkt. Früher, als man Rucola in Deutschland noch Rauke nannte, interessierte sich niemand mehr für die leckeren Blätter, das hat sich mit dem neuen Namen zum Glück geändert.

ZUTATEN

- 3 reife, rote Freilandtomaten
- 1 Hand voll Rucola
- 4 Champignons
- 50 Gramm Parmesan oder Pecorino
- Salz, Pfeffer
- 1 Knoblauchzehe
- Olivenöl
- Balsamico-Essig

Die Zubereitung geht schneller, als man eine Dose aufmachen kann. Den Rucola waschen, trockentupfen und auf einem großen Teller anrichten. Die zimmerwarmen Tomaten in Scheiben schneiden, auf dem Rucola anrichten. Die Champignons nicht waschen, sondern nur mit einem Messer putzen. In dünne Scheiben schneiden, ebenfalls auf den Rucola legen. Leicht salzen und pfeffern. Aus wenig Olivenöl, einem ordentlichen Schuss Balsamico, der durchgepressten Knoblauchzehe sowie Salz und Pfeffer eine Vinaigrette mischen und über den Salat geben. Aber Achtung: Der Salat soll leicht benetzt sein und nicht in der Vinaigrette schwimmen.

Jetzt kommt noch die Veredelung: der Käse. Mit einem Hobel schaben wir ganz dünne Scheiben Parmesan auf den Salat. Parmesan ist übrigens der italienische Hartkäse, der eigentlich Parmigiano-Reggiano heißt und aus Rohmilch von Kühen gemacht wird. Und zu jung darf der Parmesan nicht sein. Die Scheiben müssen wirklich hauchdünn sein und dazu braucht man einen ordentlich scharfen Hobel. Ich nehme übrigens lieber einen Pecorino, der anders als der Parmesan aus Schafsmilch gemacht ist.

Ja, und dann steht dem kulinarischen Glück nichts mehr im Weg. Wer nicht auf seine Figur achten muss, kann zum italienischen Salat Brot essen und ein Glas kräftigen Weißwein trinken. Und wir Diät-Halter sind mit dem Salat glücklich.

10 Diäten, die langfristig nutzlos sind

- Eier-Kur
- Blutgruppen-Diät
- Kohlsuppen-Diät
- Sternzeichen-Diät
- Null-Fett-Diät
- Appetitzügler
- Fettbinder-Kapseln
- Wasserausschwemmende Pillen
- Farbdiät
- Magnettherapie

Dienstag

Auftritt heute in der Stadthalle von Minden. Zum Glück liegen die Garderoben weit weg vom Catering und so überstehe ich den Abend mit Wasser und Äpfeln und mit einem Teller Gemüse. Keine Versuchungen sonst. Außer, dass mir das Herz blutet, als eine junge Besucherin ein kühles Bier trinkt. Ich kann fast spüren, wie ihr das leicht bittere, kalte Bier die Kehle runterrinnt. Egal, Bier macht Hunger und Hunger kann ich nicht brauchen.

Mittwoch

Der Schreibtisch voller Arbeit, aber ich befolge heute wie schon in den vergangenen Wochen die Tipps von meinem Coach: Ich gehe zu Fuß vom Maschsee in Hannover in meine Redaktion und zurück. Das Gehen fällt mir leichter als noch vor vier Wochen. Kein Wunder, ich schleppe einige Kilos weniger mit mir rum als damals.

Kamera läuft: Die FettWegShow in der Autostadt Wolfsburg

Unterwegs in der Innenstadt die üblichen Versuchungen, denen ich immer so gern nachgegeben habe: Würstchen, Fischbrötchen, Muffins, Döner, Hamburger – ich gehe also mehr oder weniger ungerührt vorbei an Millionen von Kalorien.

Donnerstag

Morgens sitze ich bei Ingwertee und einem Eiweißdrink im Büro. Mittags ein Salat, dann geht es per Auto nach Braunschweig. Dort hole ich eine neue Lieferung von „Mir schmeckts“ und „Thürnaus tolle Torten“, meine beiden erfolgreichen Koch- und Backbücher. Bei meiner Tournee sind sie gerade ausverkauft, ich muss nachliefern. Beim Verlagsservice in Braunschweig hole ich mehrere schwere Kartons ab und lade mein Auto voll. Der Mann in der Warenausgabe hat am Montag die Show gesehen und meint, man könne meinen Gewichtsverlust jetzt schon deutlich erkennen.

Dann geht es durch den Schnee nach Hitzacker an der Elbe. An einer Tankstelle in Celle widerstehe ich der Lust nach einem Wiener Würstchen. Die Straße ist rutschig und so komme ich erst nach drei Stunden Fahrt in Hitzacker an.

Das Kurhaus wird umgebaut und darum muss ich schon beim Ausladen meiner Bücher an jungen Damen vorbei, die Schnittchen für den Abend zubereiten. Ich bediene mich erst am Gemüse, als die Show läuft. Nebenher sitze ich am Notebook und arbeite, wenn ich nicht gerade auf der Bühne stehe. Mit Arbeit kann man sich herrlich ablenken. Auf der Rückfahrt durch die Nacht esse ich einen Apfel gegen den Heißhunger und bin stolz, dass ich ohne Halt beim „Drive-Inn-Imbiss" in Uelzen daheim ankomme. Ein Scheibchen Käse noch und dann ab ins Bett.

Freitag

Überall werde ich ans Essen erinnert, kein Tag vergeht ohne die Frage: „Was macht dein Gewicht?" Meine Redakteurin Natascha Unbehaun stellt fest, dass meine Anzüge zu weit sind und erkundigt sich, wann ich denn bei „Bingo!" mal wieder was Passendes trage. Mein Freund John Will ist Pressesprecher bei Transocean Tours und ruft mich aus dem Burgerladen „Wimpy" in Palma de Mallorca an. Eine Zuschauerin schickt mir Magnete, die ich in meinen Hemdkragen einnähen soll, weil ich dann garantiert abnehme. Und Gabriela, die Wirtin im italienischen Feinkostladen, bringt schon automatisch stilles Wasser und den Espresso ohne Keks.

... Kein Tag vergeht ohne die Frage: „Was macht dein Gewicht?"

Sonnabend

Heute ist ein schöner Tag: Wir drehen die Belohnung für meinen Abnehmerfolg für die nächste Sendung. Ziel ist die Autostadt in Wolfsburg, eine Art Vergnügungspark für Autofans. Das Wetter ist toll, aber bitterkalt. Überhaupt ist das eine alte Regel: Das Wetter ist im Winter umso kälter, je länger man im Freien dreht.

Auf dem Weg in einen Besprechungsraum komme ich am Bäcker vorbei, an einem Würstchenstand und sehe das Schild mit der Aufschrift „Frühstück". Aber ich bin tapfer und lasse mich von Julia schminken. Dann geht es zu Fuß zur ersten Station: der Tuareg-Versuchsstrecke. Dort erwartet mich mit ihr eine Traube von Besuchern. Also gibt es erst mal Autogramme, dann ein Fototermin. 106 Meter lang ist die Rodelbahn und es gibt keinen Lift. Also stapfe ich munter drauf los, einen großen Autoreifenschlauch im Schlepptau. Das Bergansteigen ist gesund und es geht viel leichter als vor einem Monat. Das Abspecken tut mir gut, merke ich.

Für die Fotografen rutsche ich gemeinsam mit Katrin Krebs runter, die Verschlüsse klicken, als ich in Fahrt komme. Es macht Spaß, aber ich versuche natürlich, meine Kilos zu bremsen. Also: Hacke rein in den eisigen Schnee und als ich unten ankomme sehe ich aus wie Väterchen Frost, über und über bedeckt mit

Schneeflocken. Das Publikum tobt vor Begeisterung und ich lasse mich schnell nachschminken.

Dann geht es zum zweiten Mal rauf auf den Berg – oben ist mir warm. Maik filmt von oben, wie ich voraus und Katrin hinterher zu Tale rutschen. Dann noch mal von der Seite und noch mal, und dann zweimal von unten. Zwischendurch muss ich warten, bis Assistent Piet ein Teleobjektiv geholt hat und friere erbärmlich. Nach einer Stunde Rutschen bin ich nass und kalt und müde. Noch schnell ein paar Autogramme, dann geht es zum Essen. Wie schön! Wir sind in der Werkskantine von VW, Außenstelle Autostadt. Auf dem Speiseplan: die legendäre VW-Currywurst mit Pommes, scharf und lecker und gut. „Das ist nicht gut", meint Matthias Fricke und bestellt Salat zum Sattwerden und eine warme Linsensuppe zum Aufwärmen.

Zwischendurch lasse ich Katrin noch mal schnell einen Autoüberschlag simulieren, dann geht es in das 5-Sterne-Hotel Ritz-Carlton. Ich begrüße noch schnell den Küchenchef Sven Elberfeld, einen der besten Köche Deutschlands. Er hat im selben Verlag ein Buch veröffentlicht wie ich, und auf der Frankfurter Buchmesse haben wir am Verlagsstand zusammen gekocht.

Im Hotel gibt es ein Winter-Spa, ein Erholungsbad japanischer Tradition. Bad und Liegen und dampfendes Wasser vor der Kulisse der Autostadt, direkt am Kanal – herrlich skurril. In meinem coolen Badeanzug darf ich bei 0 Grad Außentemperatur draußen im heißen Whirlpool baden – herrlich. Zwei bildschöne junge Damen servieren mir Obst und Tee – und zum ersten Mal an diesem

Tag ist mir warm. Schade, dass nach einer Stunde Drehschluss ist. Gegessen habe ich heute wenig und deshalb klingt mein Abend mit Salat und Gemüse und ein wenig Fisch in einem Ristorante in Wolfsburg aus.

Ein Lied für die Kollegin: Katrin Krebs lauscht am Flügel

Sonntag

Sonntag ist „Bingo!". Während eines Filmes, der auch in der Probe auf der Videowand läuft, rede ich mit Melanie Anschütz, meiner Bingo-Assistentin, über Figur und Abnehmen. Melanie hat Idealmaße, groß, schlank – sie war ja sogar einmal Playmate des Jahres im Playboy. Auch sie will abnehmen, fühlt sich ein paar Kilo zu dick. Genau wie meine Maskenbildnerin Julia Reich. Komisch, denke ich, Frauen sind mit ihrer Figur irgendwie kritischer als Männer.

Die Sendung läuft wunderbar, lustige Anrufer, viel Tempo und Spaß und zwischendurch spricht mich einer der Liveanrufer auf die FettWegShow an. Außer Sashimi habe ich nichts gegessen, und als der Abspann von Bingo läuft, kommt der Hunger. Nach den Autogrammstunde esse ich meinen Salat, dann die nächste Runde: Regiebesprechung mit Michael Heiks und Geli Fuchs und – natürlich – mit Katrin Krebs. Wir zwei kabbeln uns wie immer, denn sie ist wirklich richtig schlank und versteht tief in ihrem Innersten nicht, wieso man dick werden kann.

Komisch, denke ich, Frauen sind mit ihrer Figur irgendwie kritischer als Männer.

Die Aufzeichnung läuft perfekt. Als Gäste sind lauter junge Mitarbeiter der AOK im Studio – sie alle schauen regelmäßig die Show. Auch Nancy und Marina, meine beiden Assistentinnen, sind wieder dabei, beide perfekt bekleidet und bauchfrei. Aber auch sie: kritische Blicke auf die eigene Figur. Deren Sorgen möchte ich haben!

Nach 60 Minuten Aufzeichnung steige ich auf die Waage: 171,8 Kilo. Ich habe abgenommen, viel abgenommen, aber eben nur 2,2 Kilo und nicht 2,5 Kilo wie gefordert! Deshalb die nächste Strafe. Am Freitag muss ich beim Musical „Tanz der Vampire" in Hamburg einen Tag als Bühnenarbeiter schuften.

Es schneit, als ich kurz vor Mitternacht ins Auto steige – leichter als vor einer Woche, aber auch viel müder!

Montag

Die Werbung tut manchmal so, als könne sich ein Dicker den ganzen Tag mit dem Thema „Abnehmen" beschäftigen. Einkaufen, Sport machen, kochen … Die Realität ist aber eine ganz andere: Das normale Leben läuft weiter. Arbeiten gehen, Familie, Freundeskreis, Zeitdruck. Ein berufstätiger Mensch kann nicht drei Stunden am Tag Sport machen. Eine Mutter kann nicht verschiedene Mahlzeiten kochen. Und der Freundeskreis nimmt meist keine Rücksicht auf uns Dicke, wenn man essen geht.

So ist das auch bei mir: Ich nehme ab, aber ich muss es nebenher machen. Genau das wollen wir heute zeigen in einem Film, den wir für die FettWegShow drehen. Die alltäglichen Versuchungen lauern nämlich auch in meinem Leben überall.

Das Team und ich fahren nach Osterode im Harz. Dort bin ich heute mit der Bingo-Starparade in der Stadthalle zu Gast. Es ist herrliches Winterwetter und so drehen wir zunächst mal eine Schneeballschlacht. Die Devise von meinem Coach: Bewegen, wo immer und wann immer es nur geht. Da ist so eine Schneeballschlacht das Richtige, denn man bewegt sich in gesunder Luft, kommt ins Schwitzen und fährt den Kreislauf nach oben.

Dann kommt das, was jeder Dicke fürchtet, wenn er abnehmen will: die leckeren Versuchungen. Axel Becker, der bekannte

Sänger aus Nürnberg, begrüßt mich herzlich und bietet mir eine leckere Praline an. Das kennt jeder, der auch abnehmen will: Man sieht vor sich dieses leckere Stück, kann den Geschmack schon fast auf der Zunge fühlen und muss dann doch ablehnen. Momente, in denen man am liebsten aufgeben und zubeißen möchte.

Am Bühneneingang der Stadthalle steht ein Fan aus Osterode, der extra für mich eine Forelle gegrillt hat. Sie ist herrlich kross und sie schwimmt auf der Platte in Butter. Leider muss ich ablehnen, denn Fisch ist nur gut, wenn er fettarm gegrillt ist.

Als Krönung müssen Maik und sein Team noch drehen, wie mich mein Moderatoren-Kollege Lutz Ackermann mit einem Korb voller Süßigkeiten begrüßt. Lieb gemeint, aber ich kann gerade noch widerstehen.

Fototermin bei der Tournee in Osterode: ich und zwei Besucherinnen

Der Höhepunkt der Verführung kommt aber noch. Ein Besucher der Veranstaltung hat für mich eine Torte gebacken. „Bingo!" steht drauf und sie hat bestimmt 10.000 Kalorien. Mein Kennerblick sagt mir, dass es sich um eine Buttercremetorte handelt, saftig, fettig, lecker!

Auch das: nett gemeint, aber es würde mich um Wochen zurückwerfen im Abnehmplan. So überstehe ich auch an diesem Abend nur mit Wasser, Kaffee und Obst.

Auf der Rückfahrt nach Hause schneit es so stark, dass ich zum Glück nur ans Autofahren denken muss, nicht ans Essen.

Dienstag

Heute steht Probekochen für dieses Buch auf meinem Plan. Gekocht habe ich auch früher bei meinen anderen Büchern. Aber bei meinem Kochbuch „Mir schmeckts“ habe ich meine Rezepte alle selbst gegessen. Und bei den Arbeiten an „Thürnaus tolle Torten“ gab es monatelang jeden Tag Kuchen und Torten. Jetzt koche ich „Gemüse im Blumentopf“ und andere leckere Sachen und probiere davon nur eine kleine Portion - so ändern sich die Zeiten.

Mittwoch

Meine erste Handlung im Büro: Ich rufe meine Bingo-Fee Melanie Anschütz an, denn die hat heute Geburtstag. Dann sitze ich stundenlang am Telefon. Viele Interessenten haben geschrieben oder gemailt und wollen die FettWegShow als Mittelpunkt von Veranstaltungen machen. Ich vertröste alle auf den Herbst, denn bevor ich anderen Mut machen kann, muss ich selbst kräftig abgenommen und mein Gewicht gehalten haben.

Am Nachmittag hole ich neue Bingo-Bärchen ab. Die kleinen Plüschtiere sind der Renner am Tourneestand und schon wieder ausverkauft. Mit voll geladenem Auto fahre ich den weiten Weg von Hannover nach Papenburg an der Ems. Dort ist eine alte Werftanlage zu einem sehr schönen Veranstaltungszentrum umgebaut worden.

Früher habe ich hier am Tresen im Foyer immer ein Bier getrunken . Jetzt ist es ein Wasser auf Eis - vom Barkeeper liebevoll „Eskimo-Flip“ genannt.

Donnerstag

Ein langer Tag im Büro, dann geht es zur Tournee nach Aurich. Unterwegs will ich gerade in einen Apfel beißen, als mein Auto

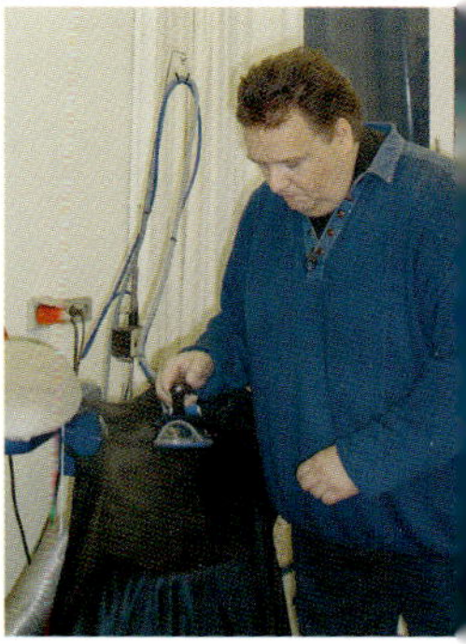

Bügeln für den Tanz der Vampire

plötzlich alle Warnlampen leuchten lässt. Mein Auto ist mein zweites Zuhause, ich fahre um die 70.000 Kilometer pro Jahr. Aber: Es hilft nichts. Ich muss mein Zuhause in Verden lassen. Die Werkstatt schleppt mich ab, es ist eine defekte Hochdruckpumpe, die meine Fahrt stoppt. Also steige ich samt Garderobe und Obst und all den anderen Utensilien des Tourneekünstlers in meinen Mietwagen.

Für uns Gaukler ist Aurich immer eine der schönsten Stationen der Tournee, denn in der „Stadthalle Brems Garten“ gibt es ein tolles Catering aus dem benachbarten Hotel. In diesem Jahr ist alles anders für mich: keine Heringshappen, kein Krabbensalat. Keine Filets mit Sauce Hollandaise und auch keine Rote Grütze. Schade …

„Würstchen machen nicht dick“, erzählt mir eine propere junge Frau …

Freitag

Schon früh morgens geht es los nach Hamburg. Schneller als erwartet bin ich Hamburg, direkt unter der Neuen Flora parke ich. Und nun ist Zeit, die ich gegenüber dem eindrucksvollen Theater in einem italienischen Kaffee verbringe – mit Espresso, ohne Kekse.

Dann trifft das Team ein und wir beginnen mit dem Drehen. Weil ich mein Abspeckziel knapp verfehlt habe, gibt es eine

Strafe: Im Theater bin ich Mädchen für alles und muss schuften.

Zuerst heißt es: Kulissen putzen. Gespielt wird in der neuen Flora der „Tanz der Vampire", und die Dekoration hat es nötig: Der Bühnenmeister fährt einen Zug herunter und zum Vorschein kommt ein riesiges Gräberfeld aus Pappmaschee. Mit einem Handfeger wische ich den Staub von den Grabsteinen, Spinnenweben vom Boden – und bekomme fast einen Herzschlag, als sich nacheinander zwei Sargdeckel öffnen: Katrin und die Redaktion haben zwei perfekt als Vampir geschminkte Schauspielerinnen im Inneren des Bühnenbodens versteckt – sehr witzig. Aber die beiden Vampiretten sind nett – eine Australierin und eine Italienerin, die auch geduldig mit mir für die Hamburger Zeitungen posieren. Werbung ist alles – für unsere Show wie für das Musical.

Zweite Aufgabe: den Zuschauerraum saugen. Ich habe den Verdacht, dass hier extra ein wenig mehr Müll und Dreck verteilt worden ist. Zweitausend Besucher finden hier Platz und ich bin lange beschäftigt, denn schließlich soll alles picobello sauber sein.

Vor der Neuen Flora gibt es einen Außen-Dreh, und ich bekomme viele Ratschläge von netten Hamburgern. „Würstchen machen nicht dick", erzählt mir eine propere junge Frau, „ich esse auch täglich welche." Aha.

Um 18 Uhr ist Drehschluss und ich freue mich auf einen Abend in Hamburg. Mit meinem Coach und meinem alten Freund Günter Gayer will ich essen gehen und anschließend für unser Buch noch ein Foto auf der Reeperbahn machen – Matthias und ich vor den Stripläden an der Großen Freiheit.

Da zurzeit die Küchen mehrerer europäischer und asiatischer Länder meist für mich gestrichen sind (Chinese, Grieche, Araber, Türke), fällt die Wahl nicht schwer: Italiener. Wir gehen ins Cuneo, einem absoluten In-Laden direkt neben der verruchten Herbertstraße. Die jungen Damen vom Straßenstrich beginnen jetzt um kurz nach 20 Uhr mit der Arbeit und zwischen ihnen gehen wir in das Restaurant, das man von außen nicht als ein kulinarisches Erlebnis erkennt.

Sonnabend

Allmählich hasse ich Werbung an Autobahnen. „Hunger? Raus!", befiehlt ein Werbeschild, aber ich lasse mich von solchen Sprüchen doch nicht beeinflussen. Ich tanke meinen Leihwagen voll und an der Tankstelle steigt mir der Duft von frischen Brötchen in die Nase. Mein Auto wartet schon frisch gewaschen auf mich. Ich bedanke mich für den netten Service und fahre zum zweiten Mal zur Tankstelle, diesmal mit meinem eigenen Wagen. Der gleiche Duft, die gleiche Versuchung.

Am Abend bin ich Gast in der Sendung „DAS!" bei Bettina Tietjen. Bei ihr war ich schon mehrmals zu Gast und es war immer nett. Bettina ist immer gut vorbereitet und schafft es, schnell auf das Wesentliche zu kommen. Aber zuerst haben wir Hunger. Ich zeige meinem Coach die neue Hafen-City von Hamburg, und im Hamburg Dungeon gehen wir essen. Der Salat kommt leider mit fettigem Dressing und die Folienkartoffel entpuppt sich als lecker, aber leider nicht mit Magerquark, sondern mit Sahne-Käse-Remouladen-Sauce überhäuft. Das war jetzt nicht gut, aber egal: auf zum NDR in Hamburg-Lokstedt.

Die Gästebetreuung von „DAS!" hat einen perfekten VIP-Raum hergerichtet – perfekt für Menschen, die alles essen können und wollen. Es gibt Kekse, Schokolade, Chips ... ich seufze.

Vor der Sendung treffe ich die Moderatorin und dann geht es auch schon los. Das Gespräch ist locker, verbindlich, angenehm, und ich kann meine Botschaften unterbringen. 1: Gucken Sie jeden Montag die FettWegShow. 2. Jeder kann mitmachen. Wenn ich abnehmen kann, können Sie das auch!

Meine neue Ernährung: Günter Gayer und ich beim Essen in Hamburg

Zum Ende der Show rede ich mit Bettina Tietjen über Grünkohl und wir zupfen eine Menge des Gemüses vom Blatt. Ich habe eine Grünkohlvision und träume von einem dampfenden Teller mit Kohl, Pinkel, Bauchfleisch und Bratkartoffeln.

Die Show ist vorüber, es geht heim. Unterwegs kommt der Hunger und Matthias schlägt einen Test vor: Was kann man als Abspecker eigentlich im American Diner essen, diesem Burger-Tempel an der Autobahnabfahrt Soltau-Süd?

Die Erkenntnis trifft mich hart: 99 Prozent der Speisen sind absolut ungeeignet. Allein ein Milchshake hat mehrere hundert Kalorien. Immerhin: Truthahnsteak geht, mit Salat. Die Schmortomate als Beilage ist leider so üppig mit Käse bedeckt, dass ich sie weglasse.

Sonntag

Endlich habe ich am Sonntagmorgen mal keine Sendung im NDR-Hörfunk und darum kann ich ein wenig länger schlafen. Eigentlich ein freier Morgen, an dem man herrlich frühstücken könnte. Zum Beispiel könnte ich Scones selbst backen, diese süßen englischen Brötchen, die man mit Erdbeermarmelade isst. Oder ich könnte mir selbst Rinderfilet durch meinen Fleischwolf drehen und mir ein leckeres Tatar anmachen, dazu selbst gebackenes Brot. Oder vielleicht gäbe es in meinem Kühlschrank ja noch Gänsestopfleber. Auch ein Rührei wäre nicht schlecht. Genüsse, auf die ich verzichte. Stattdessen gehe ich eine Viertelstunde auf mein Rudergerät und fahre dann zu meinem Coach ins Hotel. Er hat heute für Frühstück gesorgt. Es gibt – natürlich – Obstsalat. Der Mensch ist ein Gewohnheitstier und wenn ich ehrlich bin: Ich habe mich inzwischen an Obstsalat gewöhnt.

Ein Klassiker allerdings mit der netten Bedienung, als sie fragt: „Möchten die Herren eine Kugel Vanilleeis zum Obstsalat?“

Möchte ich schon, esse ich aber nicht. Es ist nicht leicht, standhaft zu bleiben.

Im Studio eine schnelle Probe, eine flotte Runde mit den Gästen und dann eine schöne Sendung. In der Sendung erzähle ich von der Bingo-Kreuzfahrt, die im Juli mit einem Schiff voller Bingo-Zuschauer auf der Donau stattfindet. Die Kollegen scherzen schon: „Wir werden Spione an Bord schicken, damit Du nicht die verlorenen Pfund wieder drauflegst“. Tatsächlich haben sie ja Recht: Wien ohne Sachertorte? Bratislava ohne Würstchen? Die Markthallen von Budapest ohne Gulasch? Oh je.

Im Studio am Abend sind wieder lauter nette Menschen, viele von der AOK aus Jever, Esens und dem Rest des Nordens. Manche haben Salat für mich mitgebracht, andere nette Fotos von den örtlichen FettWegGruppen. Wir zeichnen eine tolle Sendung auf und am Ende der Aufzeichnung der Gang zur Waage.

Sie bleibt bei 169,7 Kilo stehen. So ein Mist, ich habe 2,1 Kilo abgenommen. Das ist viel, aber nicht genug! Woran liegt es? Gesündigt habe ich nicht. Zu wenig Bewegung? Kann sein. Aber trotzdem bin ich stolz auf den Gewichtsverlust und akzeptiere meine Strafe: Ich muss am Samstag in Schwerin im Sieben-Seen-Center bei real,- Gemüse schleppen, Tüten packen und Boden schrubben. Na toll!

Montag

Manchmal träume ich nachts von Torten. Manchmal sehe ich Hamburger vor mir, wo keine sind. Das habe ich meiner Redakteurin Natascha erzählt und das war die Idee für den kleinen Film, den wir heute drehen. Um Heißhunger soll es gehen, um Bewegung und um meine Hosen, die allmählich zu weit werden. Morgens früh kommt das Team zu uns ins feine Dorint-Hotel in Hannover auf der Podbielskistraße.

Im Hotel habe ich schon geschwommen, Sport gemacht und warte nun auf ein Taxi, das mich zum Schneider fahren soll. In der Hotel-Lobby drehen wir meine Tagträume von Hamburgern mit einer bildschönen Angestellten, die mit einem Tablett vor mir steht. Sie heißt Gabriela und trägt auf dem Tablett einen riesigen Hamburger mit reichlich Pommes, dazu einige Mettröllchen und als Krönung kross gebratenen Speck.

Reine Folter, denn bis die Szene mit dem Trick vom Auftauchen und Verschwinden des Hamburgers samt Gabriela fertig gedreht ist, läuft mir ungefähr tausendmal das Wasser im Mund zusammen.

Dann ruft die Rezeption: „Ihr Taxi ist da“. Mein Coach hat sich natürlich etwas ganz Besonderes einfallen lassen: Mein Taxi ist eine Fahrrad-Rikscha. Er sitzt bequem hinten, während ich strampele. Okay, Bewegung ist gut und ich fahre rund fünf Kilometer zum Schneider. Es ist höllisch schwer, ich merke bald jeden Tritt in den Beinen.

Auch die Idee mit dem Besuch beim Schneider ist genial. Der griechische Chef der kleinen Änderungsschneiderei in der

Langen Laube in Hannover misst erst mal meinen Bauchumfang: Über zehn Zentimeter habe ich verloren, ein mächtiger Motivationsschub. Jahrelang wurden mir die Sachen zu eng, jetzt sind sie zu weit. Ein gutes Gefühl.

Dann Rikscha zweiter Teil. Kilometer um Kilometer fahre ich durch die Fußgängerzone von Hannover. Es wird immer leichter, merke ich. Außerdem hat diese Rikscha einen hohen Flirtfaktor. Mehrfach fragen junge Damen, ob ich sie als Anhalterin mitnehme. Mach' ich natürlich, denn je mehr Gewicht in der Rikscha, desto besser für mein Sportprogramm …

Ein lustiger Dreh und ein anstrengender Tag enden mit einem heißen Kaffee in Hannover. Dass viele Besucher dort leckere, saftige, flache Kuchen essen, stört mich nicht. Heute ist mein Heißhunger nicht so ausgeprägt.

Flexibeles Team: Kameramann auf Rädern

Woche 6

Dienstag

Seit Beginn der FettWegShow kommt noch mehr Post als sonst. Viele haben Tipps für mich, es gibt aber auch ganz andere Post: Menschen, die mich beschimpfen, weil ich abnehme. „5 Pfund die Woche sind doch Wahnsinn. Bleiben Sie lieber dick. Dick ist gesund und natürlich", heißt es zum Beispiel. Ich antworte immer freundlich, dass 5 Pfund pro Woche für einen Menschen, der weniger wiegt als ich, natürlich zu viel sind. Aber bei einem Ausgangsgewicht von 180 Kilo ist das zwar viel, aber nicht zu viel.

Ganz bösen Briefschreibern antworte ich nicht, denn auf deren Briefen steht kein Absender.

Mittwoch
Ich mache eine interessante Entdeckung: An Tagen, die pickepacke voll sind mit Terminen, kann ich meinen Heißhunger, meine Lust auf leckeres Essen, leichter überspielen als an Tagen mit mehr Zeit. Heute sitze ich im Büro, schreibe, denke – und fühle mehr als einmal die Lust darauf, den Kühlschrank zu überfallen.

Und so suche ich nach Tricks, mein Hungergefühl zu überlisten. Obwohl: Eigentlich ist es gar kein Hunger, es ist mehr Appetit. Oder auch nur die pure Lust auf Leckeres. Vielleicht, denke ich mir, ist dieser Appetit ja auch nur ein Trick, mit dem der Körper bei geistiger Arbeit nach Abwechslung verlangt.

Ich brühe mir einen Ingwertee aus frischer Ingwerwurzel und trinke ihn heiß. Das hilft den Vormittag über gegen den Hunger. Am Mittag esse ich gedünsteten Blumenkohl. Am Nachmittag gehe ich walken und auch diese körperliche Bewegung hilft gegen Appetit. Am Abend esse ich Salat und ganz spät eine dicke Scheibe Käse. So bin ich mit wenigen Kalorien durch den Tag gekommen. Zugegeben: ich hatte schon schönere Tage, aber eigentlich geht es mir gut. Trotz der Sehnsucht nach Völlerei.

Donnerstag
Mein Beruf lebt davon, dass ich unentwegt viele Menschen treffe – und am besten redet es sich natürlich beim Essen. Morgens treffe ich einen Zeitungsverleger. Er hat Kaffee gekocht und bietet mir – natürlich – auch Kekse oder Brötchen an. „Sie können ruhig essen, ich verrate nichts“, scherzt er. Und auch die Damen in seinem Büro sind gut drauf – scheinbar hat wirklich jeder die FettWegShow gesehen. Ich bin vorerst standhaft und bleibe beim Kaffee.

Ich im Gespräch mit Zeitungsverleger Karl-Heinz Gleitz

Der Fotograf der Zeitung macht noch ein Foto, und mir fällt auf, dass meine Hose jetzt wirklich schlottert.

Mit dem Auto geht es in knapp einer Stunde ins Schaumburger Land. Dort bin ich verabredet – natürlich zum Essen. Nicht irgendwo, sondern im berühmten Schmiedergasthaus Gehrke. Die Herren, die mich wieder zum Maifest engagieren, haben eingeladen und der Chef des Hauses hat aufgefahren. Vorweg Glasnudelsalat mit Scampi – asiatisch, scharf und lecker. Glasnudeln sind nicht optimal, aber Fisch ohne Fett – gar nicht so schlecht.

Als Hauptgericht gibt es Berliner Leber mit Äpfeln, Zwiebeln und Kartoffelpüree. Die Portion ist nicht so groß und so esse ich – mit schlechtem Gewissen und gutem Appetit – und lasse nur das Püree stehen – fast jedenfalls. Ein Glas Wein dazu und ich habe das Gefühl, dass ich heute zuviel des Guten hatte. Hoffentlich wirkt sich das am Sonntag nicht auf der Waage aus.

Am Abend esse ich nur noch Salat und einen Apfel und dann geht der Tag mit Büroarbeit zu Ende.

Freitag

Nicht alles, was gesund ist, schmeckt mir – das muss ich wieder mal feststellen. Eigentlich habe ich in meinem Leben alles probiert, von Austern über Entenfüße und warme Blutwurst bis hin zu Schlange. Aber nicht alles hat mir geschmeckt und „gesund" heißt nicht automatisch lecker! Heute bestelle ich einen Waldorfsalat. Eigentlich ein Klassiker der Küche, aber der rohe Sellerie schmeckt mir nicht und dass der Koch die Crème Fraîche durch Joghurt ersetzt hat, ist kein geschmacklicher Gewinn. Stattdessen werde ich immer mehr zum Apfel-Freak. Besonders schmecken mir die asiatischen Fuji-Äpfel, angeblich eine Mischung aus viel Apfel und wenig Birne.

Mein Essen beim Italiener wird inzwischen zur Gewohnheit: ein Salat mit wenig Öl und wenig Mozzarella, danach Fisch gegrillt. Das ist gut, sagt Matthias Fricke, wenn eine schlechte Gewohnheit ersetzt wird durch eine gute. Statt Brot mit Öl, gemischten Vorspeisen, Hauptgang und etwas Süßem hinterher also Wasser,

Salat, gegrillter Fisch und danach einen doppelten Espresso. Nicht, dass die Lust auf fettes Fleisch und sahnige Nudeln vergangen wäre. Aber ich habe keinen Hunger mehr und fühle mich gut. Hoffentlich bleibt das so.

Redakteurin Mirelle Bellmann und ich beim Dreh in Schwerin

Sonnabend

Heute wird gearbeitet, denn ich habe mein Abnehmziel nicht erreicht. Ich fahre nach Schwerin. Ich soll im Supermarkt arbeiten und zwar richtig.

Das Sieben-Seen-Center liegt am Stadtrand von Schwerin. Dort habe ich bereits im Sommer ein Gastspiel mit „Bingo!" gehabt. Ich mag Schwerin und seine Menschen – und so steige ich gut gelaunt aus dem Auto. Meine beiden Redakteurinnen Cathleen und Mirelle haben sich einiges ausgedacht. Nach der Maske im Schulungsraum des real,--Marktes geht es in die Abteilung für Obst und Gemüse. Da bin ich ja inzwischen Fachmann. Viele TV-Zuschauer haben gehört, dass ich heute da bin und begrüßen mich im Laden. Dabei ist auch das AOK-FettWegTeam aus Mecklenburg-Vorpommern. Die Frauen des Teams erzählen von ihrem Diäterfolg. Komisch, dass die abnehmen wollen. Die sind nun wirklich nicht dick – allenfalls ein wenig kräftiger. Frauen sind halt immer kritischer mit ihrer Figur.

Dann geht es los: Frau Mellert, eine nette Mitarbeiterin des real,--Marktes, lässt mich vor laufender Kamera Gemüse schleppen. Kistenweise hohle ich Kohlrabi und Rote Bete, dann Bananen und Orangen, schließlich Kartoffeln. Nach einer halben Stunde schmerzt der Rücken und ich bedauere all die Menschen, die das täglich machen müssen. Schwerer als ich hat es nur Kameramann

Maik, der nach weiteren 15 Minuten mit der unhandlichen Steadycam klatschnass ist.

Weiter geht es bei den Molkereiprodukten: Ich muss den Gang wischen, weil zwei große Packungen Rote Grütze auf die Erde gefallen sind. Schade um das leckere Dessert.

Dann ist die verdiente Pause da und mein Coach, mein Pressebetreuer Ilja Marten und ich suchen etwas zum Essen, während der Rest des Teams mit Katrin Krebs dreht. Das Sieben-Seen-Center ist wunderschön, aber ein Restaurant mit Kost zum Abnehmen finden wir nicht. Mir knurrt der Magen, als wir uns für einen griechischen Imbiss entscheiden. Wir bestellen viel Salat mit wenig Hähnchenschnitzel und wenig Zaziki. Satt? Nein, überhaupt nicht.

Umso schlimmer, dass wir den Rest des Teams in der Eisdiele wieder finden. Katrin und Assistentin Judith löffeln einen Riesenbecher – und ich werde neidisch. Jetzt ein Eis mit Schokosauce…

Dann wird es richtig anstrengend: An der Kasse helfe ich Kunden beim Einpacken und trage die Einkäufe zum Auto. Ein Superservice, den viele gern annehmen. Und fast jeder von den Besuchern kennt „Bingo!" und die „FettWegShow".

Am längsten drehen wir, als ich einer hübschen jungen Dame namens Katrin samt ihrem Freund helfe. „Was sind Sie von Beruf?" beantwortet sie mit „Diätassistentin" – herrlich, das passt.

Draußen wird es bereits dunkel, als ich dann noch im Getränkemarkt Kisten schleppe. Um 17.30 Uhr ist Drehschluss und es geht bei kräftigem Sturm zurück nach Hannover. Mein Abend endet mit scharfen Salat beim besten Thailänder von Hannover. Lecker, aber mein Herz blutet, als am Nebentisch Ente in Kokosmilch auf den Tisch kommt. Die „Nummer 83“ der Speisekarte in „extrascharf“ war immer mein Lieblingsgericht.

Sonntag

Keine Sendung heute im Radio und ich frühstücke im Hotel einen Obstteller. Heute fragt niemand danach, ob ich eine Kugel Vanilleeis dazu haben möchte. Wunderbar. Nach einem doppelten Espresso fahre ich ins Studio. Die Probe für Bingo geht ungewohnt schnell. Während ich mich mit den Kandidaten in der Maske unterhalte, trifft FettWegRegisseurin Geli Fuchs ein. Sie schaut sich mit mir meine Garderobe an – natürlich mit Hintergedanken. Bislang habe ich die FettWegShow immer in Sportklamotten moderiert. Aber in meinem normalen Bühnenanzug sieht man viel besser, wie viel Gewicht ich verloren habe. Also trage ich heute einen schwarzen Anzug. Gemeinsam ändern wir das Drehbuch – am Anfang werde ich Maik an der Handkamera zu mir winken und ihn in Kragen und Hosenbund schwenken lassen – das ist beeindruckend, denn es fehlen bereits zehn Zentimeter Bauchumfang und einiges am Kragen.

Nach Bingo ein schnelles Essen – es gibt Broccoli mit Schinken. Es schmeckt wunderbar und dann beginnt ein langer Abend:

Wir kochen live im Studio mit einer Dame aus Hannover, die im AOK-FettWegTeam mitmacht. Sie heißt Dagmar, ist ein wenig pummelig, aber ganz süß dabei. Und nicht auf den Mund gefallen. Sie soll mit mir ein Abnehmrezept kochen: Kabeljau mit Basilikum-Senf-Sauce. Kochen im Studio ist aufwändig, und alles muss lange geprobt werden.

Im Publikum sitzen heute lauter junge Leute. Besonders auffällig ist eine dunkelhaarige, große Frau, Mitte 20 mit dunklen

Spaß nach der Sendung: Zuschauer und ich beim Fototermin

Haaren und einem gewagten Ausschnitt. Sie spricht mich noch vor der Show an: „Ich habe auch 25 Kilo abgenommen, Herr Thürnau!“ Wow, wie das denn, will ich wissen? Durch Tanzen, antwortet sie. Sie hat sich zu wenig bewegt und seit einigen Jahren geht sie in Hannovers In-Disco ZaZa zum Tanzen – mit Erfolg. Alle Achtung.

In der Show rede ich mit Dr. Thomas Hollerbach über Heißhunger. Unsere Köchin Dagmar hatte Molke mit Milch empfohlen – das ist gut, meint der Ernährungsmediziner, denn ein Eiweißdrink ist nur positiv zum Abnehmen.

Zum Schluss auf die Waage: Ja! Ja! Ja!!!!!!! 2,7 Kilo sind runter, mein Gewicht ist jetzt bei genau 167 Kilo. 13 Kilo sind weg seit Beginn der Sendung, 22,5 seit Beginn meiner Diät – ich bin zufrieden. Mein Coach nicht ganz so sehr, er will mich zum Sport treiben. Mehr walken, mehr den Kreislauf auf Touren bringen – sonst lässt das Abnehmen bald nach.

Er hat Recht und trotzdem bin ich ganz zufrieden. Am kommenden Samstag geht es zur Belohnung auf den Erdbeerhof nach Rövershagen. Erdbeeren sind gesund. Wohlgemerkt: Erdbeeren. Ohne Zucker, ohne Sahne, ohne Eis!

Montag

Wir drehen in der alten Residenzstadt Wolfenbüttel, zuerst vor dem Schloss. Welfen haben hier einst residiert, heute ist es eine Schule. Wir kommen direkt vor dem Ende der 5. Stunde an und als ich geschminkt vor der Kamera stehe, kommen Scharen von Schülern. Von „Hallo Bingo-Bär“ bis „Mann, ist der Dickmann“ höre ich so ziemlich jede Bemerkung, die es gibt.

Dann drehen wir. Ich balanciere in der Kälte auf einer schmalen Mauer über dem Schlossgraben. Es ist bitter kalt und meine Erkältung nervt. Reichlich Vitamin C und Zink habe ich genommen, nun heißt es abwarten und warmhalten.

Wir ziehen vor die Herzog-August-Bibliothek um, dann zum Lessinghaus, dann in die Fußgängerzone. Ich gebe einen heißen Kaffee aus und merke, wie er mich wärmt.

Die Idee zum Dreh ist originell. Wenn man denn schon mal was nascht, sollen es nicht mehr als 100 Kalorien sein. Aber wie viel ist das? Die Redaktion hat es ausgerechnet. Aber was meint der normale Konsument? Mit dem Mikrophon in der Hand und dem Kamerateam mit Maik und Piet gehe ich durch die Straßen auf Passanten zu. „Hat ein Negerkuss mehr oder weniger als 100 Kalorien?“. Weniger, ist sich eine Schülerinnen sicher! Mehr, meint eine andere und hat damit Recht. Nächste Szene: Ich habe eine Tafel Schokolade in der Hand. „Brechen Sie mal 100 Kalorien ab!“, bitte ich Passanten und fast jeder erwischt mehr.

Kalorienvergleich Fast Food – gesundes Essen	
■ 100 g Bounty-Riegel	= 2,6 Kilo Tomaten
■ Marmeladenbrötchen	= 1,5 Kilo Ananas
■ 0,5 Liter Milchshake	= 1,4 Liter Buttermilch
■ Big Mäc	= 1,1 Kilo Äpfel
■ 1 Döner komplett	= 2,1 Kilo Broccoli
■ Currywurst + Pommes	= 4 Scheiben Vollkornbrot mit Quark + Tomaten
■ 1 Jumbo-Bifi	= 3 Birnen
■ 250 g Kartoffelchips	= 5,9 Kilo Sauerkraut
■ 1 Tüte gesüßtes Popcorn	= 1,1 Kilo Mandarinen
■ 100 g Gummibärchen	= 660 g Rosenkohl

Wir drehen an einem Eisstand, beim Bäcker und Matthias hat überall die ernüchternden Zahlen parat: Ja, ein Schokocroissant hat viel mehr als 100 Kalorien. Und nein, auch wenn das ganz leicht aussieht, darf ich es keinesfalls essen – jedenfalls nicht, wenn ich abnehmen will. Und auch die leichten Kartoffelbällchen aus der Nordsee mit Remouladensauce nicht. Kein Problem, wenn man eine normale Figur hat und das ab und zu mal isst. Zum Abnehmen ist es Gift.

Spaß im Fernsehen: ich als Osterhase

Dann der Dreh im Schokoladen-Paradies. Die supernette Verkäuferin gibt dem Team eine Runde Trüffel aus und ich habe Lust, sie zu würgen! Wie gemein! Ich liebe Trüffel. Ich liebe Nougat. Ich liebe Schokolade. Aber nein, ich bleibe tapfer.

Dann drehen wir endlich. Mein Coach erklärt, wie viel denn nun 100 Kalorien sind: zwei Lakritzschnecken, 17 Salzstangen, ein Duploriegel, ein winziges Schälchen Schokopudding. Stattdessen, auch das zeigt er, kann man Mengen an anderen Sachen verdrücken: über ein Kilo Spinat, eine halbe Gurke und so weiter.

Eine Belohnung hat er aber auch: Carpaccio vom Nougattrüffel, hauchdünn geschnitten. Es schmeckt großartig!

Am Abend geht es meiner Erkältung trotz der Kälte besser und ich esse mich an Salat und Sushi satt.

Gefüllte Paprika

Gefüllte Paprikaschoten sind einer der Klassiker in deutschen Kantinen. Gefüllt mit Hackfleisch und übergossen mit kräftiger Sauce sind sie manchmal lecker, oftmals nicht und immer eines: eine Kalorienbombe.

Aber natürlich lässt sich das Rezept so abändern, dass es zwei Bedingungen erfüllt: Es schmeckt wenigstens so lecker wie das Original und es ist kalorienarm und gesund. Wahrscheinlich sind meine gefüllten Paprika sogar näher dran am Original als die weich geschmorten, mit Sauce überschütteten Exemplare in den Kantinen. Ich kann mir nicht vorstellen, dass die alten Griechen ihre Paprika früher mit fettem Schweinemett füllten und Kartoffelpüree dazu gegessen haben. Auf ans Werk.

Die Paprika kaufen wir am besten auf dem Markt. Die reifen aus dem Süden sind besser als die trostlosen, blassen aus dem Gewächshaus. Ich nehme für dieses Rezept sehr gern die länglichen Paprika, die aussehen wie lange Peperoni, die so genannten Spitzpaprika. Ich rechne zwei Paprika pro Person, wenn die aber sehr klein sind, dürfen es auch drei oder vier sein.

Zunächst wird der Paprika oben der „Deckel" abgeschnitten. Für die Füllung die Tomaten würfeln, salzen und pfeffern. Die Zwiebel grob würfeln und in einer Pfanne mit ganz wenig Olivenöl anschmoren. Den fein gehackten Knoblauch dazu geben, dann die Paprika in die Pfanne geben und von allen Seiten anbraten. Wenn sie an einigen Stellen ganz leicht braun werden, die Pfanne mit Zitronensaft ablöschen.

ZUTATEN

8 Paprika, möglichst Spitzpaprika
2 Zwiebeln
2 Tomaten
4 Knoblauchzehen
1 Esslöffel Olivenöl
250 Gramm Schafskäse
Saft einer Zitrone
Salz, Pfeffer, Petersilie

Die geschmorten Zwiebeln müssen wir nun in einer Schüssel mit der gehackten Petersilie verrühren, dann die

gewürfelten Tomaten zugeben. Vom Schafskäse nehmen wir 200 Gramm, schneiden ihn in erbsengroße Würfel und rühren ihn auch unter die Zwiebel-Tomatenfüllung. Damit werden nun die Paprika locker gefüllt und in eine Auflaufform gegeben. Meine länglichen Spitzpaprika müssen wir vorsichtig nebeneinander legen. Normale Paprika kann man auf den Boden der Form stellen und mit dem abgeschnittenen Deckel der Frucht wieder verschließen.

Während der Ofen auf ca. 180 Grad vorheizt, reiben wir den Rest des Schafkäses über die Paprika. Dann hinein mit der Form in den Ofen. Dort müssen die gefüllten Paprika ungefähr eine halbe Stunde schmoren. Wenn der Käse zu schnell braun wird, kann man die Form mit Alufolie abdecken. Achten Sie darauf, dass die Paprika nicht zu weich werden, sie brauchen noch etwas Biss.

Die besten Schlank-Gerichte im Restaurant

- Gemüsevorspeise (Antipasto Verdure) ohne Brot
- Gemüseteller
- Rindersteak mit Salat
- Tomatensuppe
- Spargel mit Vinaigrette
- Bauernsalat mit Schafskäse
- Gegrillter Fisch mit Salat oder Gemüse
- Sashimi ohne Reis

Dann werden die gefüllten Paprika auf einem Teller angerichtet und noch mit etwas Petersilie garniert. Übrigens: Meine gefüllten Paprika kann man im Sommer auch prima auf dem Holzkohlengrill zubereiten. Dafür lässt ein Feinschmecker so manche Bratwurst liegen!

Dienstag

Heute treffe ich meinen Freund und Geschäftspartner Peter Buchmann in einem Hotel an der Autobahn. Oft sind solche Hotels weder kulinarisch interessant noch zum Abnehmen zu empfehlen. Anders hier: Hier gibt es ein Riesenbuffet mit Salat und Fisch und Gemüse. Als Hauptgericht ein Steak, dazu Spinat und reichlich Wasser. Ich höre auf den Rat von Arzt und Coach und trinke mehrere Liter am Tag.

Allerdings gibt es in dem Hotel ein Problem: Wasser gibt es nur mit Kohlensäure, und das ist nicht gut. Beim Abnehmen soll man stilles Wasser trinken, weil es besser als Wasser mit Kohlensäure die Giftstoffe aus dem Körper schwemmt. Stilles Wasser hat mehr Platz als Wasser, in dem Kohlensäure gelöst ist – so hat Matthias es mir erklärt. Also bestellen wir Leitungswasser mit einer ganzen Zitrone und schaffen zwei Liter davon.

Im Hotelshop kaufe ich noch etwas Besonderes: natürliches Raumspray, Marke Vanille. Irgendwo in der Zeitung habe ich gelesen, dass Vanillearoma den Heißhunger auf Süßes dämpft. Das Fläschen kostet nicht die Welt und ich nehme es mit. Ob es nun hilft oder nicht: Vanilleduft im Büro kann nicht schaden. Nur wenn es Hunger machen sollte, verschenke ich es an eine meiner schlanken Kolleginnen.

Am Abend sitze ich lange im Büro und probiere das Spray aus. Tatsächlich, es duftet nach Bourbon-Vanille und ich habe keinen Hunger auf was Süßes. Ist bestimmt Einbildung. Vielleicht habe ich nach reichlich Blumenkohl mit scharfer Sauce auch einfach keinen Hunger mehr. Der Magen gewöhnt sich an kleine Portionen.

Mittwoch

Winter in Hannover. Mein Schreibtisch ist voller Arbeit, aber ich betätige mich trotzdem sportlich. Ich walke um den Maschsee, nicht ganz, aber ein gutes Stück. Und als ich mittags einen Termin beim Arzt habe, parke ich ein Stück entfernt von der Praxis und gehe den Rest zu Fuß. Zum Arzt gehe ich auch nur, weil man das während einer Diät regelmäßig tun soll – Beschwerden habe ich keine.

Mein Arzt hat beim letzten Mal einen Langzeit-Blutzuckerwert bestimmt – er zeigt den durchschnittlichen Blutzuckerspiegel der vergangenen 60 Tage an. Unfassbar, trotz Übergewicht ist er völlig im normalen Rahmen bei 107. Mein Arzt ist zufrieden und ich bin es auch.

Heute kommt mir eine seltsame Idee: Ob ich mal im Kleiderschrank nach den alten Hemden suche?

Heute kommt mir eine seltsame Idee: Ob ich im Kleiderschrank mal nach den alten Hemden suche? In meinem Schrank liegen noch Dutzende von Hemden, die mir im Laufe der Zeit zu klein geworden sind. Als Dicker hat man ja seine Ausrede immer parat: „Die sind mir eingelaufen", zum Beispiel. Sind sie natürlich nicht. Man will es nur nicht wahr haben, dass man schon wieder zugenommen hat.

Ich beschließe: Wenn ich heute Abend den Computer ausmache, schaue ich im Schrank nach. Würden einige davon wieder passen, dann wäre das eine tolle Motivation.

Donnerstag

Gleich am Morgen also die Hemdenprobe: In meinem riesigen Kleiderschrank hängen, sauber gebügelt, die unterschiedlichsten Hemden aus den vergangenen 20 Jahren Michael Thürnau. Die meisten davon sind eine Maßanfertigung. Das ist ja so schön praktisch: Die Hemden passen perfekt und wenn man zunimmt, bestellt man die nächsten Hemden einfach ein paar Zentimeter größer.

Nach sechs Wochen Abnehmen in der FettWegShow also heute der Praxistest. Zunächst die weißen Maßhemden: tatsächlich, sie sitzen wieder locker um den Bauch. Die zehn Zentimeter Bauchumfang, die ich abgenommen habe, machen sich bemerkbar. Aber am Kragen – da fehlt noch ein wenig. Der Knopf geht zwar zu, aber es sitzt nicht wirklich locker und bequem. Aber in zwei, drei Wochen …

Anders meine Hirschlederjacke. Lange habe ich sie nicht mehr getragen, weil sie sehr eng saß. Sie hat viel Geld gekostet, schade also eigentlich um das gute Stück. Jetzt passt sie wieder und ich werde sie am Sonntag anziehen in der FettWegShow.

Ein guter Morgen also und gut gelaunt arbeite ich am Computer. Am Nachmittag fahre ich dann nach Göttingen. Dort ist heute Abend Veranstaltung in der Stadthalle. Das alte Leid im Catering: Was lecker schmeckt, kann ich nicht essen. Was ich essen kann, der Salat nämlich, ist lieblos und schmeckt nicht. Also esse ich Obst und trinke Wasser und freue mich auf den Tag, an dem die alten Sachen wieder perfekt passen.

Freitag

Heute sitze ich den ganzen Tag im Büro. Unter anderem lese ich Mails und Briefe von Zuschauern der FettWegShow. Was es nicht alles an Tipps gibt. Kurios zum Beispiel die Farbendiät: Jeden Tag darf man nur das Essen, was farblich zusammenpasst: heute Fisch und Weißwein und Quark, morgen Steak, Rote Bete, Tomaten und Rotwein. Eine Dame legt mir die Sternzeichen-Diät ans Herz. Ich als Löwe müsste andere Lebensmittel essen als ein anderes Sternzeichen – meint sie. Ein Zuschauer schickt mir Magnete, die ich in den Hemdkragen einnähen soll – sie helfen angeblich gegen Hunger. Ich habe drei Werbeprospekte von Herbalife in der Post und zwei von den Weight-Watchers. Und ein Herr bietet mir Artischocken-Kapseln

Dicke Bösewichte der Geschichte

- Nero
- Stalin
- Mussolini
- Hermann Göring
- Mao Tse-tung
- Idi Amin

an, mit denen ich essen kann wie immer, aber nur noch abnehme. Kosten: 89,– Euro für einen Monat.

Samstag

Heute ist der Tag für meine Belohnung – mehr als 2,5 Kilo habe ich abgenommen und darf deshalb auf „Karl's Erdbeerhof" nach Rövershagen bei Rostock. Wäre ja auch schön, wenn es nur nicht so weit zu fahren wäre. Um 6 Uhr aufstehen ist an einem Samstag nicht wirklich lustig. Um 7 Uhr hole ich Matthias im Hotel ab und wir machen uns auf die fast 400 Kilometer Richtung Norden.

Unterwegs an der Raststätte genehmigen wir uns einen Kaffee. Mein Coach ist immer im Dienst und untersucht das Snack-Angebot an der Raststätte. Alles lecker, aber alles nicht zum abnehmen geeignet. Mini-Salami: zu wenig zum Sattwerden und zu fett. Belegte Brötchen: meist mit Mayonnaise bestrichen. Schokoriegel: viel zu viele Kalorien.

Allerdings gibt es auch Obst, aber auch da Vorsicht: Das ist oft mit einer dicken Schicht bedeckt aus Wachs oder Chemie, darum unbedingt abwaschen.

Pünktlich um halb zehn sind wir in Rövershagen. Schon von weitem sehen wir die Schrift auf dem Dach: Karl's Erlebnishof. Erdbeeren gibt es hier im Winter nicht, aber alles rund um Erdbeeren. Das Gelände erinnert an einen der Andenkenläden auf Mallorca, er ist nur viel größer. Eine Ansammlung von Waren jeglicher Art kann man bestaunen und kaufen: Strickpullover, Erdbeerwein, frisch gebackenes Brot, Ferngläser, Lampen, Tonkrüge, Wurst, Kosmetik, … Es gibt nichts, was es nicht gibt, und das alles zu vernünftigen Preisen.

Bei Uta Zolldann, der Pressesprecherin, gibt es frischen Kaffee, dann drehen wir zunächst im Laden mit lauter netten Besuchern.

Zweite Station ist die hauseigene Bäckerei. Ich darf den Bäckern helfen, den Teig zu kneten und die Brotlaibe in den Holzofen zu schieben. Eine wirkliche Belohnung ist das aber nicht, denn hier wird noch von Hand richtiges Brot gebacken. Und essen darf ich das nicht, nur probieren für die Kamera. Es ist wunderbar - frisch, noch warm, saftig. Und ich könnte nach sieben Wochen FettWegShow drei ganze Brote verspeisen. Aber Kohlenhydrate stehen nun mal nicht auf meinem Speiseplan, denn sie verhindern das Abnehmen. Sie verursachen Heißhunger und nur mit niedrigem Blutzuckerspiegel kann man wirkungsvoll abnehmen.

Nach einer Stunde Dreharbeiten bin ich durchgefroren und es geht zum Aufwärmen in das Restaurant von Karl's Erdbeerhof. Seuffzzzz! Seufffzzzzzzzz! Dort gibt es alles, wirklich alles, was sich ein hungriger Magen wünscht: Grünkohl mit Pinkel, Kalbshaxe, Kohlrouladen, Wurst mit Kartoffelsalat, Schmalzbrote und - als Kalorienhöhepunkt riesengroße Stücke Butterkuchen! Matthias und ich genehmigen uns eine Soljanka und eine Salzgurke - auch lecker.

Letzter Dreh an diesem Tag ist im Erdbeermuseum. Ich bekomme eine Erdbeermaske - das ist herrlich entspannend. Um 17 Uhr ist Drehschluss und wir machen uns auf 400 Kilometer Rückfahrt, unterbrochen nur von einem Besuch im Restaurant „Paradiso" in Weede bei Bad Segeberg. Ich bestelle einen Salat, am Nachbartisch wird Gyros aufgetischt, Fleischspieße mit Pommes, Reibekuchen mit Lachs. Ich verfluche meine FettWegShow und bin froh, als ich am Abend ohne Kaloriensünde ins Bett falle.

Sonntag

Am Morgen Sendung im Radio, danach geht es ins Studio zu „Bingo!". Sport wäre heute gut, meint mein Coach und bevor ich in die Maske gehe, walken wir eine halbe Stunde vom Studio aus in Richtung Kanal. Das „Bingo!“-Studio liegt in einem Gewerbegebiet und wir treffen keine Menschenseele. Die Luft ist herrlich klar, die Sonne scheint und wir schaffen ein paar Kilometer. Ich trage meine neuen, weißen Laufschuhe. Weil sie so neu sind, laufe ich mir eine gewaltige Blase am rechten Fuß. Zum Mittag gibt es Obst und dann proben wir für die Liveshow.

Eine schöne Sendung und auch die Aufzeichnung der FettWegShow läuft ohne Zwischenfälle. Die Probe hatte sich fast zwei Stunden hingezogen, dafür war die Aufzeichnung schnell vorüber. Und das, obwohl wir wieder live gekocht haben, und zwar mit Andreas von der FettWegGruppe aus Schleswig-Holstein. Es gibt Apfelschnitzel und es duftet herrlich im Studio.

Erstaunlich, wie selbstverständlich ich inzwischen kleine und gesunde Sachen bestelle.

Dann wird es wieder ernst: Wiegen! Zur großen Verwunderung bleibt der Zeiger bei 166,4 Kilogramm stehen. Wie bitte? Ich habe trotz Verzicht, trotz Bewegung nur 0,7 Kilo abgenommen? Ja, das passiert, meint mein Coach. Es war zu wenig Bewegung, und Abnehmen ist kein Zuckerschlecken. Auf dem Weg zum Endgewicht ist es noch ein harter Weg. Es bleiben drei Sendungen bis zum Wiegen, dann müssen 155 Kilo erreicht sein. Wäre doch gelacht, wenn ich das nicht schaffen würde!

Die kleine Ernüchterung kommt dank Katrin Krebs. Als kleine Strafe gibt es Arbeit für mich am kommenden Samstag: Beim Heimspiel von Holstein Kiel in der Regionalliga muss ich Trikots waschen und bügeln, Rasen mähen und so weiter. Toll, wieder ein Samstag voller Arbeit.

Montag

Noch nicht mal 1 Kilo habe ich in der vergangenen Woche abgenommen. Matthias, mein Coach, weiß den Grund. „Du hast dich zu wenig bewegt. Dein Körper nimmt zwar ab, aber um die geforderten 2,5 Kilo pro Woche zu erreichen, musst du dich mehr bewegen. Das kurbelt den Grundumsatz an.“

Und damit beginnen wir gleich heute. Es ist bitterkalt, als ich am Maschsee in Hannover meine Nordic-Walking-Stöcke aus dem Auto hole. Eine Mütze, sagt mein Coach, ist wichtig, denn 80 Prozent der Wärme verliert der Körper über den Kopf. Und dann geht es los, vorbei an der Imbissbude, vorbei am Courtyard-Hotel, wo man so lecker frühstücken kann. Mein Coach treibt mich an. Die Zeit des Spazierengehens ist vorbei, meint er. Mein Körper habe sich an Bewegung gewöhnt und zur Fettverbrennung müsse es nun ein wenig schneller gehen. Erstaunlich, wie vielen Walkern und Joggern wir an einem Montagvormittag begegnen. Viele haben ein aufmunterndes Wort für mich übrig: „Sie schaffen das, Herr Thürnau.“ Nach einer Viertelstunde läuft der Schweiß, und ich muss tiefer atmen, um meinen Puls im Zaum zu halten. Immer wieder motiviert mich mein Coach. Es ist sowieso besser, zu zweit oder in einer Gruppe zu walken, weil man sich gegenseitig mitzieht. Als wir den See halb umrundet haben, zeigt Matthias Gnade, wir kehren um. Die Kälte ist verschwunden, ich spüre auch den Sauerstoff im Hirn – und es geht mir gut.

Am Sprengel-Museum in Hannover gibt es eine gewaltige Treppe. Sie führt vom Rudolf-von-Bennigsen-Ufer hinauf zum Eingang des Museums. Diese Treppe steigen wir sozusagen als Abschluss des Trainings, dreimal nacheinander in raschen Schritten hinauf.

Nächste Station an diesem kalten Montag ist die Redaktion von TV+. Dort entstehen Shows wie „Bingo!“ und dort gibt es jetzt Wasser und Kaffee. Und nebenbei werde ich von Julia geschminkt, denn wir werden nach dem Sportprogramm jetzt für die FettWegShow drehen.

Erster Drehort ist das Zooviertel in Hannover. Dass mir kalt ist, liegt nicht nur an dem eisigen Wind. Es liegt auch daran, dass ich wenig esse – mir fehlt die wärmende Wirkung von Gyros, Currywurst und Sachertorte. Quatsch, sagt mein Coach, beweg dich einfach mehr und dir wird warm.

Das mit dem Bewegen machen wir dann beim Drehen in der Eilenriede, dem Stadtwald von Hannover. Wir walken durch den Wald und wie immer beim Fernsehen dauert alles lange und muss drei Dutzend Mal wiederholt werden. So kommen Kilometer um Kilometer zusammen und am Abend habe ich das gute Gefühl: Das war das richtige Sportprogramm.

Am Abend heißt es: Dinner Cancelling. Das ist eine neue Idee der Abnehmexperten. Nach einem Tag voller Sport ein- oder zweimal in der Woche der Verzicht auf das Abendessen. Das lässt die Pfunde purzeln. Hoffentlich stimmt das, denn sonst hätte mein flaues Gefühl im Magen keinen Sinn.

Woche 8

Dienstag

Ab heute bin ich wieder täglich im Radio bei NDR 1 Niedersachsen und darum geht es früh raus aus dem Bett. Auf dem Weg ins Funkhaus ein kurzer Stopp an der Tankstelle, ich verzichte auf belegte Brötchen und trinke nur einen Kaffee mit Milchschaum.

Eine Sendung überstehe ich immer ganz gut mit Wasser. Nicht, dass ich früher nicht gern bei der Sendung gefrühstückt hätte! Brötchen mit Fleischsalat, Croissants, Mettbrötchen. Aber ehrlich: Es geht ohne. Ich mixe mir einen Eiweißdrink und trinke während der Sendung zwei Liter Wasser.

Mittags bin ich mit einem Fotografen beim Italiener. Erstaunlich, wie selbstverständlich ich inzwischen kleine und gesunde Sachen bestelle. Es gibt einen Salat mit wenig Mozzarella, eine Tomatensuppe ohne Sahne und als Nachtisch ein wenig Käse, dazu Espresso Macchiato.

Am Nachmittag dann: Autofahren. Ich habe zweieinhalb Stunden bis Brunsbüttel an der Elbe. Im Elbeforum gibt es gutes Essen, leider sind die Beilagen alle nichts für mich. So esse ich Salat mit wenig Hühnerbrustfilet.

Julia Reich und Matthias Fricke beim Dreh

Nette Menschen sind dort in Dithmarschen und ein paar davon wollen mich auf ein Bier einladen. Ich lehne natürlich ab. Die Wirtin im Elbeforum ist eine attraktive junge Frau, die ich aus Meldorf kenne. Dort ist sie auch Wirtin in der Dithmarschenhalle und ich muss heute Abend an die leckere Rote Grütze denken, die es dort immer gibt.

Um halb drei bin ich endlich im Hotelzimmer, blicke über den winterlichen Maschsee und entdecke in der Minibar neben Wasser auch Chips und Schokolade. Die Versuchungen nehmen nicht ab. Ich träume heute Nacht bestimmt von Süßigkeiten …

Mittwoch

Um 7 Uhr lasse ich mich im Hotel wecken. An der Rezeption gibt es einen Apfel umsonst und ich tue noch etwas für meine Figur. Ich lasse das Auto stehen am Hotel und gehe zu Fuß zum NDR-Funkhaus. Das Hotel liegt ja auch direkt am Maschsee und so komme ich zur ersten Bewegung am Tag.

Mit einem Kaffee und zwei Litern Wasser überstehe ich den Vormittag. Am Mittag bin ich im „Pier 51“ verabredet, einem feinen Restaurant am Maschsee, wo ich einen neuen Kunden treffe. Inzwischen bin ich ja fast ein Fußmarsch-Freak und gehe strammen Schrittes zu Fuß, das Auto bleibt stehen.

Im „Pier 51“ kommt eine bildschöne Kellnerin und sagt ihren Text auf. Das Menü des Tages klingt toll, aber ich verzichte darauf – genauso wie auf das leckere, frische Weißbrot. Ich bestelle einen Rauke-Salat mit Grapefruit und gegrilltem Lachs. Ungewöhnlich, aber gut!

Nach dem Termin walke ich zum NDR zurück und arbeite mich durch den Nachmittag. Früher aß ich nebenher gerne eine Packung Kekse, aber es geht auch ohne. So genehmige ich mir ab und zu einen frischen Espresso aus meiner edlen italienischen Maschine.

Am Abend der nächste Termin und zum Essen gibt es Zaziki aus Magerquark mit einer Pellkartoffel, ohne Brot leider, aber immerhin. Dazu einen Tomatensalat und ich bin satt.

Auf der Heimfahrt überkommt mich dann nachts ein Heißhunger nach einem Magnum-Eis. Ich hadere 50 Kilometer damit, ob ich mir nicht eines gönnen soll, fahre dann aber an der letztmöglichen Tankstelle mit Eisverkauf vorbei. Mein Sohn hat daheim noch eine Packung mit Baumkuchenspitzen liegen lassen, vier leckere Stückchen lachen mich an. Aber ich bin stolz auf mich, dass ich auch dieser Versuchung widerstehe.

Donnerstag

„Schlechte Gewohnheiten ersetzen durch gute Gewohnheiten“, das war zu Beginn der FettWegShow ein Ratschlag meines Coaches, der mich sehr beeindruckt hat. Der Mensch, meint er, sei nun mal ein Gewohnheitstier und damit müsse man einfach umgehen lernen.

Also, mein normaler Ablauf an einem normalen Donnerstag war bislang: Auf dem Weg zum NDR einen Kaffee kaufen, dazu ein oder zwei oder hin und wieder auch drei Croissants, die ich manchmal noch im Auto esse. Mittags dann Treffen mit Lutz Ackermann. Wir gehen in ein italienisches Restaurant. Ich bestelle eine gemischte Vorspeise, dann Kalbsleber in Salbeibutter mit

Kartoffeln, hinterher Panna Cotta. Vor dem Essen gibt es einen Korb Brot und ein Pizzabrot, das ich gemütlich vor mich hinkaue. Und natürlich schmeckt es besser, wenn ich es vorher in etwas Olivenöl tauche. Und natürlich mampfe ich hinterher die leckeren, kleinen von Schokolade umhüllten Kaffeebohnen. Wie viele Kalorien sind das bis zum Mittag? Keine Ahnung! Viele!

Jetzt sieht der gleiche Tag anders aus: morgens einen Kaffee, einen Eiweißdrink, einen Apfel. Im Laufe des Vormittags vielleicht noch ein Apfel, auf jeden Fall Kaffee, aber nichts Fettiges. Mittags mit Lutz ins Da Vinci. Kein Brot vorweg, dafür einen großen Salat mit Schafskäse, als Hauptspeise „Antipasto Marinara", also einen Meeresfrüchtesalat, aber ohne Brot.

Und auf das Dessert verzichte ich ganz. Schweren Herzens, aber es geht.

So läuft also dieser Donnerstag, dann geht es zur Tournee nach Cloppenburg. Die Stadthalle ist seit Wochen ausverkauft. Bevor um 18.30 Uhr der Einlass beginnt, bummele ich ein wenig durch die Stadt. Auch hier spricht mich jeder Zweite auf die FettWegShow an. Ein Käsehändler auf dem Markt will mich zu einem leckeren Gouda verführen. Käse ist ja kein Problem, wenn man Butter und Brot weglässt. Aber ich habe irgendwie noch keinen Hunger und widerstehe der leckeren Versuchung. Nebenan am Obststand hingegen werde ich fündig: Hier gibt es frische Ananas, die am Stand geschält wird. Ich kaufe eine Ananas – mein Abendbrot.

Die Top-10 der Ausreden für Dicke

- „Dick ist gemütlich"
- „Ich habe schwere Knochen"
- „Ich nehme zu, wenn ich nur eine Torte anschauen"
- „Meine Figur ist Veranlagung"
- „Lieber mit Genuss leben als ohne Genuss darben"
- „Ich bin nicht dick, ich hab' nur Format"
- „Dick ist sexy"
- „Dünne sind zu faul zum Essen"
- „Dick ist normal, nur nicht modern"
- „Das sind alles nur Muskeln"

Und vor der Heimfahrt nach der Show esse ich im Catering noch einen Teller Gemüse. Die Heimfahrt ist trotzdem lang und in Delmenhorst schaue ich sehnsüchtig hinüber zur McDonald's-Werbung. Seuffzzz.

Freitag

Sendung bis 12 Uhr im Hörfunk, dann Mittagessen mit meinem Kollegen Lutz Ackermann. Wir sitzen beim Italiener und ich bestelle mir eine Tomatensuppe. Merkwürdig: Wenn Sie gut gemacht ist, schmeckt sie auch ohne Sahne.

Am Freitag bereite ich immer die Arbeit für das komplette Wochenende vor, denn von Samstag bis Montag ist meine Hauptarbeitszeit. Heute ist ein besonderer Tag für Vorbereitungen, denn ich fühle, dass meine alten Hosen nicht mehr wirklich gut sitzen. Die Beine schlackern und nur Hosenträger helfen, sie nicht rutschen zu lassen. Also suche ich eine meiner alten Bühnenhosen. Und tatsächlich: Sie passt! Ich bin gespannt, in was ich als Nächstes reinwachse.

Samstag

Drehtag für die FettWegShow in Kiel. Im Stadion von Holstein Kiel wollen wir am Rande des Heimspiels der Regionalligamannschaft gegen Paderborn drehen. Ich soll dort Schnee schippen,

Trikots bügeln, Karten abreißen – kurzum: Als Bestrafung für „nur“ 0,7 Kilo Abnehmen bin ich Mädchen für alles.

Die erste Nachricht gleich am ganz frühen Morgen: Das Spiel fällt aus, zu viel Eis und Schnee im Stadion. Das ändert aber nichts für mich: In aller Frühe treffe ich das Team mit Redakteurin Michelle Bellmann in Kiel.

Die erste Aktion dann gleich mit dem Zeugwart. In der Spielerkabine verteile ich Trikots, Stutzen, Trainingsabzüge und Handtücher. Obwohl das Spiel ausfällt, kommen während der Dreharbeiten die Spieler nach und nach in die Kabine, denn es gibt ein Trainingsspiel auf einem eisfreien Nebenplatz. Andre Breitenreiter, der früher bei Hannover 96 spielte, bekommt noch ein Scheinchen in die Mannschaftskasse, dann geht es für mich zur schlimmsten Aufgabe des Tages: Fußballschuhe putzen. Mit Bürste und eiskaltem Wasser bin ich lange beschäftigt, bis die Stollentreter sauber sind.

Dann wird trainiert: In einem Sportstudio muss ich zunächst auf einen Stepper und konstant marschieren. Das bringt den Puls in Schwung! Dann geht es auf einem Rad weiter, schließlich noch Beinmuskeltraining in einer Kraftmaschine. Aber das war noch längst nicht alles. Mirelle will mich beim Training auf dem Platz filmen und so trainiere ich mit dem Physiotrainer von Holstein Kiel auf dem Platz: Sprints, Laufen, Schießen, Hechten – Felix Magath wäre stolz auf mich. Und das ganze bei wirklich bittererer Kälte. Es sind minus 8 Grad, aber im eisigen Wind wirkt es wie Winter in Sibirien.

Zwischendurch aufwärmen im Restaurant am Stadion. Toll gemacht dort mit gemütlichen Tischen, großen Leinwänden und beeindruckender Küche. Ich esse einen Salat und schaue mit neidischen Blicken an einen Nachbartisch: Das Bauernfrühstück dort hat die Größe eines Wagenrades.

Dann kommt der Höhepunkt der Dreharbeiten und leider auch der Höhepunkt meiner Bestrafung: Schneeschippen im Stadion. Der Schnee ist eisig und ich muss mit ganzer Kraft zuerst einmal die Schaufel durch die verharschte Decke stecken. Es ist so kalt, dass ich bestimmt schon vom Zittern abnehme.

Dann ist zum Glück Schluss bei den Dreharbeiten und es geht heim. Mein Coach beginnt inzwischen zu rechnen: Wir haben noch drei Sendungen bis zum Schluss der ersten Staffel. Bis dahin müssen insgesamt 25 Kilo runter. Es fehlen noch über 11. Ich habe zwar kräftig abgenommen, aber um das Ziel zu erreichen ist Anstrengung nötig. In der kommenden Woche gibt es also ein verschärftes Sportprogramm. Tolle Aussichten für die neue Woche.

Sonntag

Und täglich grüßt das Murmeltier: Sendung im NDR Hörfunk wie jeden Sonntag, Fahrt ins Studio wie jeden Sonntag, Proben wie jeden Sonntag. Aber vor den Proben gibt es eine Trainingseinheit. Wir walken vom Studio aus in Richtung Kanal. Der Wind pfeift eisig und Matthias treibt mich an: mehr durchziehen, Arme und Stöcke einsetzen, jetzt ein Sprint. Wer behauptet, das Abnehmen leicht ist, spinnt!

Gast bei „Bingo!“ ist heute Roberto Blanco. Wir haben schon öfter zusammen gearbeitet und begrüßen uns herzlich in der Garderobe. Roberto hat auch gerade abgenommen – 14 Kilo sind es. Der Mann ist 63 Jahre alt und sieht wirklich blendend aus. Sein Rezept: Obst essen und Sport, zum Beispiel morgens eine Stunde auf dem Heimtrainer oder Tennis spielen.

Als wir uns das letzte Mal sahen, war ich noch viel schwerer - das war im Hochsommer bei einer TV-Show in Travemünde. Gemeinsam mit meiner Kollegin Madeleine Wehle habe ich für Roberto einen Mojito gemixt. Und ich erinnere mich an das leckere Krabbenbrot mit Spiegelei im Hotel Maritim - oh schöne Zeit, wann kommst du wieder? Zurzeit sind diese Leckereien verboten.

Roberto macht aus jeder Vorlage einen Gag – super!

Heute ist also Stress im Studio. Zum normalen Ablauf kommt noch ein Fototermin mit diversen Zeitungen. Roberto und ich zum Thema Abnehmen - das lässt sich keine Zeitung entgehen. Die Sendung vergeht wie im Fluge, dann wird für die FettWeg-Show geprobt. Ich koche mit Roberto Blanco „Blumenkohl-Fisch-Spießchen". Die Probe zieht sich endlos, aber die Show ist schnell und witzig und Roberto ist ein Knaller. Der Mann ist ein Sonnenschein und er hat immer gute Laune. Er macht aus jeder Vorlage einen Gag - super. War die Probe auch lang - die Aufzeichnung geht ruckzuck. Roberto und ich flirten mit dem Publikum, es sind lauter nette Menschen.

Und der Applaus ist gewaltig, als ich auf die Waage steige: 163 Kilo! Ich habe 3,4 Kilo abgenommen.

Thürnaus Kohlrouladen

Befragt nach ihrem Lieblingsrezept antworten viele Deutsche sicherlich: Rouladen. Zwei ganz unterschiedliche Arten gibt es davon in Deutschland: Rinderrouladen oder Kohlrouladen. Beide halten nicht immer, was sie versprechen. Bei Kohlrouladen zum Beispiel darf der Kohl nicht völlig verkocht sein. Und eine mit Mehl angedickte Sauce ist oft kein kulinarischer Höhepunkt.

Auch beim Abnehmen sind herkömmliche Kohlrouladen eher nicht zu empfehlen. Fettes Hackfleisch, dazu Kartoffeln und mehlige Sauce. Aber Halt: Eigentlich ist eine Kohlroulade ja nicht Schlechtes. Die Hauptzutat Kohl ist kalorienarm und gesund. Wenn man also den Kohl richtig verarbeitet, wird daraus ein leckeres Gericht für die FettWegKüche. Ich habe ein wenig probiert und raus kam dies: Thürnaus vegetarische Kohlrouladen.

Meine Kohlrouladen sind also vegetarisch, sie werden ohne Sauce gegessen und haben so gar nichts gemeinsam mit den üblichen Kohlrouladen. Deshalb müssen wir schon den Kohl sorgfältig behandeln.

Vom Wirsing die äußeren dunklen Blätter wegschneiden, ebenso das harte Mittelteil, den Strunk. Pro Person rechne ich drei bis vier Rouladen und für jede brauche ich ein großes oder zwei kleinere Blätter. Die werden zunächst einmal in kochendem Wasser blanchiert, ungefähr drei bis vier Minuten, und danach in Eiswasser abgeschreckt. Das Abschrecken hat keinen Einfluss auf den Geschmack, aber auf die Farbe. Der Wirsing bleibt so schön grün und wird später beim garen nicht braun.

In einem Sieb stellen wir die Kohlblätter zur Seite, wo sie gründlich abtropfen können. Und dann machen wir uns an die Füllung für Thürnaus vegetarische Kohlrouladen.

ZUTATEN

1 Wirsingkohl
400 Gramm Pfifferlinge oder andere Pilze
100 Gramm Schafskäse
1 Hand voll Nüsse, zum Beispiel Hasel- oder Walnüsse
Saft einer Zitrone
Salz und Pfeffer
1 kleine Tasse eingelegte, getrocknete Tomaten
Tomatenmark

Zunächst wird der Schafskäse ganz fein geschnitten. Dann hacken wir die geputzten Pilze mit einem Messer fein, ebenso die getrockneten Tomaten, die wir vorher sorgfältig auf Küchenpapier vom Öl befreit haben. Es gibt auch getrocknete Tomaten, die nicht in Öl eingelegt sind. Auch die haben viel Aroma, sind aber nicht ganz so weich wie die eingelegten.

In einer Pfanne ganz wenig Öl sehr heiß werden lassen, da hinein kommen jetzt die Pilze und werden scharf angebraten. Die Hitze zurückdrehen, dann kommt der Schafskäse dazu, schließlich die getrockneten Tomaten. Mit Salz, Pfeffer und Tomatenmark abschmecken. Die nötige Säure, die diese Füllung braucht, kommt durch den Zitronensaft hinzu. Die Pfanne nehmen wir dann vom Herd. Während die Masse leicht abkühlt, hacken wir die Nüsse. Das geht mit einem Messer, aber auch gut mit einer Küchenmaschine. Die Mengenangabe „1 Hand voll Nüsse" bezieht sich natürlich auf die Frucht ohne Schale. Nüsse sind nicht kalorienarm, aber gesund. Wenn sie nicht auf die Pfunde achten müssen, können sie die Menge an Nüssen gerne auch erhöhen. Die Nussmasse wird jetzt unter die Pilzfüllung gemischt – und fertig!

Auf der Arbeitsplatte werden jetzt die abgetropften Kohlblätter mit der Wölbung nach unten ausgebreitet. Auf jedes Blatt kommt nun ein ordentlicher Löffel der Pilz-Nuss-Tomaten-Masse. Dann wird aufgewickelt, wenn die Blätter zu klein sind, können wir ein zweites Kohlblatt nehmen.

Wer geschickt ist, wickelt die Roulade so, dass sie ohne Befestigung hält. Man kann aber auch mit einem Holzzahnstocher nachhelfen.

Dicht an dicht kommen die Rouladen nun in eine feuerfeste, beschichtete Auflaufform. Mit etwas Zitronensaft beträufeln und dann ab damit in den auf ca. 200 Grad vorgeheizten Backofen. Dort bleiben unsere Kohlrouladen jetzt für rund 20 Minuten. Wenn sie auf der Oberseite leicht bräunen, sind sie fertig. Guten Appetit!

Die Mühe hat sich also gelohnt. Als Belohnung verspricht mir Katrin einen Tag in einem Luxushotel mit Massage!

Der kälteste Drehtag: am Maschsee in Hannover

Nach der Sendung noch Autogrammstunde im Bingo-Café. Drei Damen aus dem Harz wollen ein Foto mit mir. Eine von ihnen heißt Kati und spricht mich an. Sie hat auch 15 Kilo verloren. Aha, und wie haben Sie das gemacht? „Ich habe mich endlich von meinem Freund getrennt, danach ging es abwärts mit dem Gewicht." Auch eine Methode …

Die Damen trinken Sekt, ich begnüge mich mit einem „Eskimo-Flip" – Mineralwasser auf Eis!

Montag

Bislang hatten wir gedacht, die kältesten Tage beim Drehen lägen schon hinter uns. Pustekuchen. Wir drehen bei Schneefall, eisigem Wind und minus 11 Grad am Maschsee in Hannover. Unser Thema ist „Boßeln". Ich erkläre diese norddeutsche Sportart. Der Schneefall ist so dicht, dass die Kamera kaum scharfe Bilder liefert.

Die Boßelkugel, ganz aus Holz, ist eiskalt, die Finger werden steif, die Ohren beginnen zu schmerzen. Wir drehen so schnell es geht, aber jede Minute wird zur Qual.

Nach einer Stunde ist es geschafft und wir ziehen um in die Kultkneipe „Ständige Vertretung" in Hannover. Hier drehen wir den Rest des Filmes für die FettWegShow und machen einen Speisekartentest mit mir. Was darf ich bestellen, wenn ich abnehmen will?

Die Dreharbeiten sind reine Folter. Nacheinander kommen an den Tisch: knuspriges Weißbrot, Bratkartoffeln, Wiener Schnitzel, Currywurst, Pommes ... alles verboten.

Immerhin: Wir essen Currysuppe und Salat. Hein, der Saalchef in der „Ständigen Vertretung", hat auch kräftig abgenommen und wir fachsimpeln ein wenig über Diäten.

Der Tag zu Ende? Von wegen. Es geht zum Hotel, mein Coach und ich legen den Pulsmesser um und es geht zum Walken. Draußen ist es nass und kalt und rutschig, aber wir schaffen einige Kilometer.

Am Abend noch eine Stunde im Büro, dann ab ins Bett. Ich schlafe sofort ein.

Woche 9

Dienstag

Es ist bitterkalt, ein Wintertag im Norden. Ich rutsche zum Funkhaus, habe vier Stunden Sendung. Am Nachmittag, nach der Arbeit, kommt mein Coach zu mir, wir ziehen uns um für das Training. Über eine Stunde geht es mit Walkingstöcken um den Maschsee. Ein paar Mal rutsche ich aus, so glatt ist es. Immerhin wird mir nach einer Viertelstunde warm. Und nach der Hälfte der Strecke machen sich die falschen Socken bemerkbar.

Es tut höllisch weh. Künstlerpech – das passiert halt, ist aber keine Ausrede, das Training abzubrechen.

Also geht es am Maschsee zurück. Aus dem Hotel duften Kaffee und Kuchen herüber. Manchmal habe ich die Nase voll von Sport und Verzicht!

Mittwoch

Viel Arbeit wartet heute auf mich. Die einzige Zeit für Training ist der frühe Morgen. Und so geht es um halb sieben los am Funkhaus. Es gibt schönere Zeiten, um zu walken – überhaupt gibt es schönere Zeiten zum Wachsein. Aber egal, als die Sonne langsam aufgeht, bin ich unterwegs. Es ist eisig kalt, nach einem Kilometer aber durchzieht Wärme den Körper. Zunächst sind mein Coach und ich allein am Ufer des Maschsees, aber je länger wir walken, desto mehr Menschen begegnen uns. Viele joggen, aber immer mehr walken auch. Nicht alle machen das richtig. Zu langsames Walken ist nichts anderes als ein Spaziergang – nett, aber für das Training bringt es nichts.

Das Wandern ist des Thürnaus Lust: ich an der Loreley

Irgendwie verändere ich mich durch die Bewegung. Ich kann jetzt walken, ohne dass ich gleich schwer atme. Und die Luft in meinen Lungen zieht hinauf ins Hirn – ein gutes Gefühl. Trotzdem bin ich froh, als ich endlich wieder am Parkplatz bin. Immerhin waren wir heute schneller als in den vergangenen Tagen. Dann beginnt die Sendung im Radio und die Kollegen schauen alle ungläubig, als ich Ihnen von meinem Frühsport erzähle.

Mittags setze ich mich ins Auto und fahre nach Wittingen. In der dortigen Brauerei habe ich einen Termin. Dort haben meine Gesprächspartner von meiner FettWegShow gehört und so bietet mir niemand ein Bier an. Zum Glück. Und auch beim anschließenden Essen im Hotel ist die Wirtin nett. Sie weiß von der Show und zaubert mir einen Salat mit Rumpsteak. Der Rest der Truppe isst – natürlich – Currywurst. Ich habe mich daran gewöhnt und bin gespannt auf das Wiegen am Sonntag.

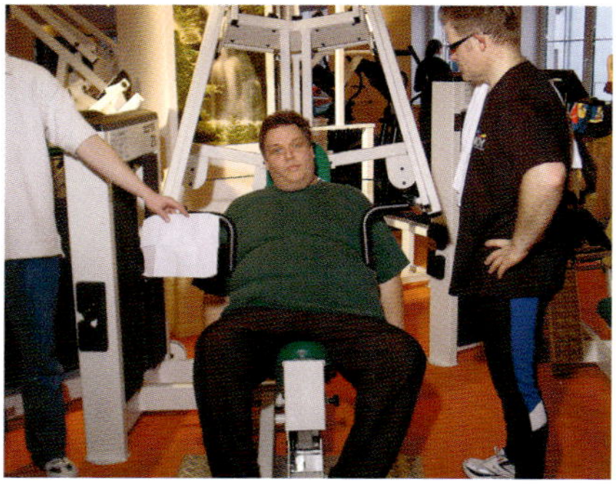

Donnerstag

Einer dieser lustigen Tage, an dem von morgens bis abends Termine auf dem Plan stehen. Erst Sendung im NDR-Hörfunk, dann Treffen mit meinem Verleger und dann bin ich im Fitnessstudio in Hannover. Mein Coach wird mich so richtig quälen und wir wollen das für die Folge 10 der FettWegShow drehen. Der erste Eindruck: Es ist toll hier! Sauber, hell, modern. An den Geräten trainieren sympathische Menschen. Eine junge, bildschöne Blondine sitzt an einer Hantelbank und stemmt mühelos Gewichte. Ich bin neidisch.

Wir allerdings drehen an den Cardiogeräten. Zuerst einmal geht es auf den Crosstrainer. Gut, dass ich Anleitung habe. Fünf Minuten, sagt der Coach, sind für die Katz. Eine Viertelstunde Minimum. Und wenn ich danach die Geräte wechsele, darf der Puls nicht runtergehen. So wechseln wir schnell von Crosstrainer zu Stepper, vom Stepper auf das Laufband, vom Laufband auf das Spinningrad und schließlich an die Kraftmaschinen.

Eine junge, bildschöne Blondine sitzt an einer Hantelbank und stemmt mühelos Gewichte. Ich bin neidisch.

Natascha, meine Redakteurin, gibt es nicht zu. Aber sie ist sichtlich überrascht, dass ich so gut durchhalte. Völlig erledigt mache ich nach zwei Stunden Feierabend und falle todmüde ins Bett. So ein Training blüht mir jetzt mehrmals in der Woche.

Freitag

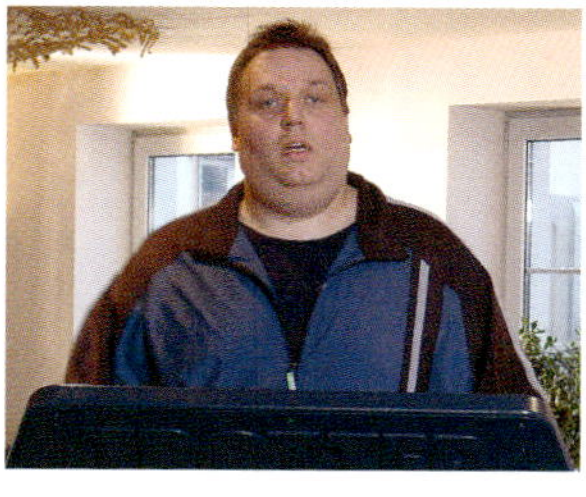

Ein neuer Rhythmus entwickelt sich bei mir: Erst arbeite ich, dann mache ich Sport, dann arbeite ich wieder. Heute zuerst Sendung im NDR-Hörfunk, dann umrunde ich schnellen

Schrittes den Maschsee in Hannover. Es ist bitterkalt, aber trotzdem trifft man mittags viele Jogger, Walker, Läufer und Spaziergänger. Auch interessant: Noch vor einem Vierteljahr hätte ich mir nie vorstellen können, mal einen längeren Weg zu Fuß zu gehen. Jetzt walke ich mit Stöcken sieben Kilometer.

Samstag
Früh am Morgen geht es nach Hamburg. Wir drehen für die Fett-WegShow im Hotel Atlantic, einem der besten Hotels in Deutschland. Hier ist zum Beispiel der James-Bond-Film „Tomorrow never dies" gedreht worden und heute ich soll hier meine Belohnung für meinen Abspeckerfolg in der vorigen Woche bekommen.

Im Hansezimmer des Hotels treffe ich Julia, meine Maskenbildnerin. Es ist kalt draußen und wir wärmen uns mit Milchkaffee. Sogar der schmeckt in diesem feinen Hotel ein wenig besser als woanders.

Wir drehen auf dem Dach des Atlantic mit einem atemberaubenden Blick über die Außenalster, wir drehen in der James-Bond-Suite des Hotels (3.900,- Euro pro Nacht), wir drehen im Restaurant (Salat mit Hummer). Dann der Höhepunkt: Im Wellness-Paradies des Atlantic gibt es für mich eine „6-Hände-Energie-Massage" - wie genial!

Spargel mit Lachs und Koriander

Fisch ist gesund, lecker und ideal zum Abnehmen. Gleiches kann man auch vom Spargel behaupten, dem edlen Gemüse. Auch die weißen oder grünen Stangen sind kalorienarm, gesund und eine Delikatesse.

Damit wir beides für unsere FettWegKüche verwenden können, müssen wir auf die richtige Zubereitung achten. Spargel mit Hollandaise oder Butter, Lachs in Butter gebraten – das ist lecker, aber wir Kaloriensparer müssen es anders zubereiten. Ich verspreche: Bei meinem Rezept vermisst niemand Kartoffeln und Hollandaise.

Dies ist Gericht ohne Beilage, unsere beiden Hauptdarsteller Spargel und Lachs kommen gleichberechtigt nebeneinander auf den Teller. Den Lachs wollen wir dünsten, der Spargel wird in Alufolie gegart und mit einer Vinaigrette serviert.

ZUTATEN

4 Lachsfilets, je 100 bis 150 Gramm
2 Kilo Spargel
1 Bund Koriander
Olivenöl
Weißweinessig
Knoblauch
Pfeffer und Salz
Zitronengras
1 Zitrone

Zunächst widmen wir uns dem Spargel. Er wird großzügig geschält, wenn es sich um weißen Spargel handelt. Grünen Spargel würden wir nur am Ende von der zum Teil harten Schale befreien. Jede Portion legen wir dann auf ein großes Stück Alufolie. Der Spargel wird leicht gesalzen, dann kommt aus der Mühle etwas schwarzer Pfeffer dazu. Schließlich noch ein paar Tropfen Zitronensaft und ein Teelöffel Olivenöl. Pro Portion jetzt eine halbe, ganz fein gehackte Knoblauchzehe auf dem Spargel verteilen und eine Hand voll Korianderblätter. Die Seiten der Folie über dem Spargel zusammenklappen, damit das Olivenöl nicht herausläuft. Einen Löffel davon geben wir jetzt über den Spargel, ebenso einen Löffel Weißweinessig und schließ-

lich das in zentimeterlange Stück geschnittene Zitronengras.

Jetzt müssen wir die Alufolie fest verschließen, dabei aber unbedingt ein wenig Platz lassen, damit die Folie nicht platzt, wenn sie in den Ofen kommt. Der Backofen ist inzwischen auf ca. 220 Grad vorgeheizt. Dort bleiben unsere Spargelpakete für 25 Minuten. Es kann auch ein wenig länger sein, das kommt ein wenig auf den Backofen an und auch auf die Dicke des Spargels. Aus dem Spargel tritt übrigens genug Wasser aus – wir müssen also keine Angst haben, dass der Spargel anbrennt. Das wunderbare Aroma aus dem Spargel bleibt bei den edlen Stangen – es ist eine wunderbare Methode, den Spargel zu garen.

Während er also vor sich hin gart, bereiten wir den Lachs zu: ganz wenig salzen und über Salzwasser dünsten. Das geht prima in einem der neuen Dampfgarer, das geht aber auch in einem Topf mit Gar-Einsatz. Wichtig ist, dass der Lachs nicht völlig auseinander fällt. Er muss gerade eben gar sein – bleibt er zu lange im Dampf, wird der Lachs zu trocken.

Nun kommen die Lachsfilets auf einen Teller. Daneben richten wir den Spargel an, den wir vorsichtig aus der Alufolie heben. Am Boden der Folie hat sich aus Spargelwasser, Öl, Essig und Gewürzen ein wenig herrliche Sauce gebildet, die wir mit einem Löffel über Spargel und Lachs geben. Jetzt noch rasch ein paar Korianderblätter auf den Lachs – und fertig ist unser Festmahl.

Kalorienbomben und was man dafür tun muss (Durchschnittswerte)

- Spaghetti-Eis = 2 Stunden walken
- Marsriegel = 1 Stunde Gymnastik
- Big Mäc = 90 Minuten tanzen
- Bratwurst mit Brot = 1 Stunde Tennis
- Pommes Majo = 2 Stunden bügeln
- 1 Tüte Popcorn = 1 Stunde Sex aktiv
- Gyros m. Pommes = 1 Std. Holz hacken
- Ente süss/sauer mit Reis = 90 Minuten Inliner fahren
- Rinderroulade mit Kartoffeln und Sauce = 3 Stunden Spazieren gehen
- 1 Tüte Erdnüsse = 30 Minuten Treppen steigen

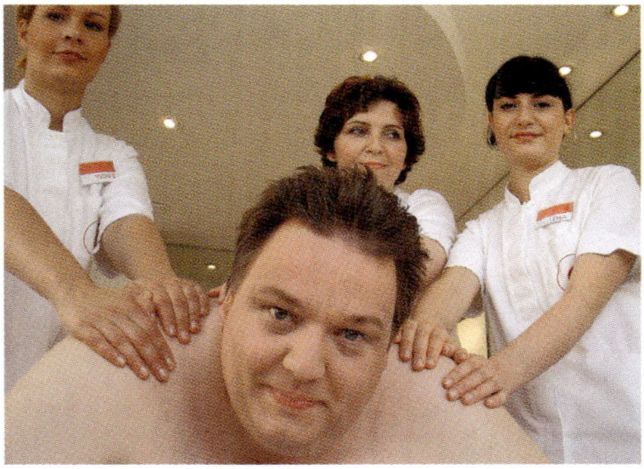

Ich liege auf dem Rücken, es duftet nach exotischen Essenzen, leise klingt asiatische Musik. Mein Rücken wird eingeölt und dann kneten mich drei Frauen mit sechs Händen durch. Die Hände sind überall, es ist herrlich entspannend und viel zu früh vorbei.

Kurz nach Drehschluss trinke ich einen Espresso, der Rest vom Team futtert Clubsandwich mit Pommes und deshalb bin ich schon bald auf dem Weg nach Varel bei Wilhelmshaven. Im dortigen Alleehotel gibt es heute Abend Musik & Bingo.

Am Parkplatz treffe ich die Wirtin, die fleißig Schnee schippt und wir plaudern ein wenig über Essen und Abnehmen.

Vor der Show treffe ich den Veranstalter zum Essen. Ich nehme einen Salat mit Steak, er hingegen schlägt richtig zu: Peperoni-Schnitzel mit Kartoffelecken und Sauce. Lecker, aber ich bleibe tapfer. Die Veranstaltung zieht sich bis kurz vor Mitternacht und ich mache mich im dichten Schneetreiben spät auf die Heimfahrt und träume von Schnitzeln mit Kartoffelecken.

Sonntag

Schon früh am Morgen packe ich meine Sachen und fahre ins Funkhaus – mein Sonntag ist ja immer voll gepackt mit Arbeit. Nach der Sendung im Hörfunk geht es gleich ins Studio – statt

meines gewohnten Sushi gibt es zurzeit Training. Neben Walking machen wir ein paar Sprinteinheiten – kurz schnell laufen, um den Puls nach oben zu treiben, danach langsam laufen.

Bei Bingo haben wir ein Auto im Studio stehen, das es zu gewinnen gibt. Ich bin selbst erstaunt, dass meine bislang knapp 20 Kilo weniger schon so viel bewirken: Jetzt komme ich auch in kleine Autos mühelos hinein. Aber eigentlich sind es ja auch schon fast 30 Kilo, denn ich habe ja schon vor der FettWegShow 9,5 Kilo abgenommen.

Nach Bingo treffe ich Susanne Fröhlich, die heute Gast ist in der FettWegShow. Sie ist Moderatorin in Hörfunk und Fernsehen und hat ein bemerkenswertes Buch geschrieben: „Moppel-Ich", ihre Erfahrungen mit Abnehmen und Zunehmen. Eine überaus sympathische und fröhliche Frau, die im TV unter anderem bei „Blond am Freitag" zu sehen ist.

Gemeinsam haben wir auch ein Feindbild: die Diätzicken.

Schon die Probe ist lustig – sie ist überaus redselig und kompetent. Wir reden über den Jo-Jo-Effekt, und auch sie hat damit Erfahrungen: Von ihren abgenommenen 20 Kilo sind 6 wieder drauf. Ich versuche, es besser zu machen.

Da sie auch viel arbeitet, hat sie die gleichen Schwierigkeiten beim Abnehmen wie ich. Täglich stundenlang im Fitnessclub geht nicht. Und bei ihren Veranstaltungen ist sie genauso den Versuchungen ausgesetzt wie ich.

Gemeinsam haben wir auch ein Feindbild: die Diätzicken. Menschen also, hauptsächlich Frauen, die schlank und fit sind und trotzdem über ein paar Gramm Speck an den Hüften jammern.

Die Sendung ist genial: Susanne Fröhlich macht jeden Spaß mit und weiß, wovon sie redet. Und darum sitzen wir nach der Sendung noch fast zwei Stunden im Bingo-Café und reden in großer Runde miteinander. Doch als die Uhr auf 1.30 Uhr vorrückt, fahre ich dann doch lieber heim ins Bett, denn morgen wartet eine schwere Aufgabe auf mich: Kung Fu mit dem Weltmeister!

Montag

Das Ihmezentrum in Hannover ist nicht gerade das, was man einen gemütlichen Ort nennt. Vor 30 Jahren galt es als modern, heute ist das riesige Einkaufszentrum mit Wohnungen, Tiefgaragen und Geschäften fast ausgestorben. Keine Kunden mehr, dafür Dreck und Verfall. Und mittendrin die Kung-Fu-Schule von Prof. Dr. Lee aus Korea. Er ist eine Institution, hat Sportschulen und Studios überall in Deutschland. Und er ist weltweit ein berühmter Mann. Einst gingen die Bilder um die Welt, als er mit seiner Stirn meterdicke Betonplatten zertrümmerte.

Und so treffe ich einen faszinierenden Mann, bescheiden, zurückhaltend, höflich und voller Energie. Seinen Sohn hat Mr. Lee ganz standesbewusst Bruce Lee genannt, er ist Vizeweltmeister im Schwertkampf.

Das Studio ist alles andere als schick und modern. Es ist wie in einem New Yorker Box Club, aber es herrscht eine besondere Atmosphäre. Wir drehen viele Kampfszenen für die FettWeg-Show, denn der Autor will einen Zusammenhang herstellen zwischen Kung Fu und der Anstrengung des Schlankbleibens.

Ich muss mich sehr konzentrieren beim Drehen, um mich an Griffe und Schläge zu erinnern. Denn wenn Prof. Lee ernst macht, haut er mich zu Klump und Asche. Aber es macht auch Spaß, mit dem besten Kung-Fu-Kämpfer der Welt auf der Matte zu stehen.

Meinem Aufnahmeleiter Dennis Ebel wird zwar Angst und Bange, als beim Stockkampf die Holzknüppel aufeinander prallen und nur Millimeter über meinem Kopf stoppen, aber nach drei Stunden sind alle Bilder gedreht. Ein toller Beruf, bei dem man solche Menschen kennen lernen kann.

Nach dem Dreh bin ich unterwegs in die Herrenhäuser Gärten in Hannover. Dort treffe ich den Fotografen André Chales de Beaulieu, der schon die Fotos für mein Tortenbuch gemacht hat. Bei dichtem Schneefall macht er mit Blitz und Profikamera Fotos für das Buch zur FettWegShow.

Und obwohl es kalt ist und dichter Schnee auf Hannover fällt, ist noch kein Feierabend. Mein Coach und ich wechseln die Sportsachen, schnallen die Stöcke um und walken eine Stunde strammen Schrittes durch die Herrenhäuser Gärten, immer zwischen den Bäumen auf der Allee lang, die vom Eingang des Barockgartens in die Innenstadt führt. Aus der Stadtbahn winken uns Menschen zu, die uns wohl aus der FettWegShow kennen.

Und dann ist es genug für diesen Tag. Wer kann schon von sich behaupten, den ganzen Tag Sport gemacht, kaum was gegessen und gegen den Weltmeister im Kung Fu gekämpft zu haben.

Woche 10

Dienstag

Unglaublich, ich habe es wirklich getan: Ich bin Mitglied in einem Fitnessclub. Ich habe mich angemeldet in dem Studio, das ich schon vom Dreh kenne.

Und so beginne ich also heute mein Training. Sicher werde ich hier nicht täglich auftauchen können, aber ich werde jetzt regelmäßig Laufband, Crosstrainer und Stepper benutzen. Ich halte auch tapfer durch, fast eine Stunde, richtig mit Pulsmesser.

Dann belohne ich mich mit Sauna und schwitze mir die Müdigkeit aus dem Körper. Ich muss lachen, als ich zurückdenke: Als kleiner Junge war ich oft in Oberstdorf im Allgäu. Dort lernte ich es, die Sauna zu genießen. An der Tür der Sauna in Oberstdorf stand ein Werbespruch: „Müde oder matt? Saunabad!" Stimmt. Ich fühle mich gut nach fast drei Stunden im Fitnessstudio.

Mittwoch

Kalorien sind allgegenwärtig. Da bin ich so tapfer und versuche, nicht an die Versuchungen zu denken. Dann komme ich am Nachmittag nach Hannover zum NDR zur so genannten MA-Party. Einmal im Jahr gibt es Zeugnisse für alle Radiosender in Deutschland und das Ergebnis für NDR 1 Niedersachsen ist mal wieder klasse: Wir sind wieder zusammen mit WDR 4 Deutschlands meistgehörter Sender. Bei der Party gibt es ... Torten! Ich fasse es nicht: Butterkuchen, Buttercremetorte, Obstkuchen, Blätterteig-Gebäck! Da liegen 100.000 Kalorien auf dem Buffet und ich darf nicht. Seuffzzz!

Reichlich belegte Zucchini-Pizza

Pizza kann Fast Food sein oder kulinarische Delikatesse. Beliebt bei Kindern, geschätzt von Schleckermäulern, gefürchtet von Ernährungsexperten. Im Original sind die belegten Teigstücke aus Italien ganz dünn, reichlich belegt mit Gemüse, Tomaten, manchmal Fleisch und immer überbacken mit Käse. Aber richtige Pizza gibt es nur noch selten, Meist sind die Böden viel zu dick, der Belag zu fett. Zum Abnehmen jedenfalls ist Pizza nicht geeignet, die Kombination aus Kohlenhydraten und Fett geht direkt auf die Hüften.

Da aber niemand ständig auf Pizza verzichten will, machen wir jetzt einfach eine Pizza, die unsere Anforderungen an ein gesundes Essen erfüllt: Kein Mehl, wenig Kohlenhydrate, viel Gemüse.

Das geht ohne Probleme, wenn wir die Pizza auf einem beschichteten Backblech machen, also ohne Fett. Die Zucchini-Pizza ist sogar schneller gemacht als eine mit Teig, denn wir müssen hier nichts ruhen und aufgehen lassen.

Statt Teig bilden Scheiben von Zucchini den Boden unserer Pizza – eigentlich ist die Pizza also keine Pizza, sondern eher ein knuspriger Gemüseauflauf. Zunächst also die Zucchini waschen und mit einem Hobel in dünne Scheiben schneiden. Damit den Boden der beschichteten Form auslegen. An manchen Stellen müssen sich die dünnen Zucchini-Scheiben überlappen, damit wirklich der ganze Boden belegt ist. Mit Zitronensaft beträufeln

ZUTATEN

1 Zucchini
2 Tomaten
1 Kugel Mozarella
1 Paprika
3 Champignons
1 Löffel Tomatenmark
Oregano
2 Artischockenböden
1 Zitrone
Salz und Pfeffer

Dann kommt die Form für drei Minuten in den auf 220 Grad vorgeheizten Ofen. Dann wieder raus aus dem Ofen und die Pizza belegen. Das kann ruhig reichlich sein, denn unser Gemüsebelag ist kalorienarm. Also den Zucchiniboden mit Tomatenmark bestreichen, darauf dann die geviertelten Artischockenböden, die in Scheiben geschnittenen Champignons, die Paprikastreifen und schließlich die in Scheiben geschnittenen Tomaten.

Mit wenig Salz und viel Pfeffer bestreuen, mit Oregano würzen und schließlich mit dem in dünnen Scheiben geschnittenen Mozarella belegen. Dann kommt die Pizza in den Ofen, für ungefähr 20 Minuten. Wenn der Käse verläuft, ist auch das Gemüse knackig gegart. Aus der beschichteten Form auf einen Teller geben, und dann „Guten Appetit“.

Wie viele Rezepte ist meine Zucchini-Pizza nur ein grober Vorschlag. Natürlich können alle Gemüse durch andere ersetzt werden, zum Beispiel mit Auberginen, Gurken, Spinat, Mangold, Broccoli … – der Phantasie sind da keinerlei Grenzen gesetzt.

12 kleine Sünden und ihre Kalorienzahl

Crêpes Suzette	150 g	300.0 kcal
Big Mäc	211 g	503.0 kcal
1 Stück Pizza überbacken	300 g	798.0 kcal
Bratwurst mit Brötchen	150 g	585.0 kcal
1 Stück Schwarzwälder Kirschtorte	150 g	397,0 kcal
1 Riegel Kinderschokolade	12,5 g	75,0 kcal
Portion Döner	310 g	620,0 kcal
1 Magnum Classic		282,0 kcal
Portion Pommes, mittelgroß	100 g	332,6 kcal
Portion Ketchup	20 g	24,0 kcal
Kartoffelchips	100 g	598,0 kcal
Currywurst	150 g	516,0 kcal

Donnerstag
Überall, wo ich heute hinkomme, wird scheinbar gefrühstückt: Brötchen, Croissants, Müsli, Rühreier, Würstchen, Käseplatte – herrlich. Kein Problem für normalgewichtige Menschen, meint mein Coach, aber für mich reines Gift. Und wenn ich ganz ehrlich bin: Ist die erste Gier überwundent, geht es recht gut mit einem Obstfrühstück.

Am Abend habe ich einen Termin bei einer Firma, die Kliniken betreibt. Ich lerne eine Menge bei diesem Treffen. Einer der Ärzte in den Kliniken testet zum Beispiel Patienten auf Lebensmittelunverträglichkeiten. Seine Theorie: Man kann nur abnehmen, wenn man die individuell richtigen Lebensmittel isst. Aber ich bin mir sicher, dass ich dick geworden bin, weil ich Big Mäcs gegessen habe, nicht weil ich gegen Hamburger allergisch bin!

Freitag
Ich bin als Gast in der Talkshow „Herman & Tietjen" in Hamburg eingeladen. In solchen Sendungen schalten auch Zuschauer ein, die sonst meine Sendungen nicht schauen. „Herman & Tietjen" wird live aus dem „Hotel Hafen Hamburg" gesendet. Dort ist ein Zimmer für mich gebucht, und ich schaue am Nachmittag von meinem Bett aus über den Hafen an den St. Pauli Landungsbrücken. Am Nachmittag für eine Stunde im Bett – der pure Luxus!

Gegen 20 Uhr gehe ich duschen, ziehe mich um und mache mich auf in die Elbkuppel – dort im 5. Stock weit über den Landungsbrücken ist das Studio eingerichtet.

Ich lerne die anderen Talkgäste kennen: Hardy Krüger jr. zum Beispiel, ein netter Kerl mit toller Ausstrahlung; Xenia Seeberg mit ihrem Mann Sven Martinek („Der Clown"), Bremens Kultursenator und ehemaligen Werder-Manager Willi Lemke.

Eine tolle Gesprächsrunde entwickelt sich, nur Siggi Harreis, die ehemalige Moderatorin der „Montagsmaler" nervt alle durch ständige penetrante Fragen. Die Marathonschwimmerin Britta Kammrau fragt sie nach der Menstruation, Hardy Krüger soll ihr über seine Trennung erzählen.

Zum Glück haben Bettina Tietjen und Eva Herman alles im Griff. Auch zu mir fällt ihr Seltsames ein: Sie erzählt, dass sie im Flugzeug zwischen dicken Menschen eingeklemmt sitzt und ihr das zu eng ist. Soll aber nicht persönlich gemeint sein, sagt sie und fragt noch, ob ich einen Platz zahlen muss oder zwei. Seltsam, die Frau, aber gut…

Siggi Harreis, die ehemalige Moderatorin der „Montagsmaler" nervt alle durch penetrante Fragen.

Ich bin erst als Vorletztes dran und kann schön erzählen von meinem Weg von 189,5 Kilo abwärts. Die Sendung vergeht wie im Fluge.

Nach der Sendung bedanke ich mich beim Team und will dann noch nicht schlafen gehen. So mache ich mich auf ins Cuneo auf die Reeperbahn. Es ist spät, aber ich habe mir lange nichts gegönnt und so esse ich ein halbes Dutzend Scampi, ohne Sauce, ohne Brot, ohne Nudeln – aber mit viel Knoblauch und einem Glas köstlichem, trockenen, eiskalten Weißwein.

Dann noch eine köstliche Begegnung beim Heimweg. Von Richtung Cuneo geht es ein Stück vorbei an den Damen des horizontalen Gewerbes. Es sind lauter junge, zum Teil recht attraktive Mädchen, die in ihren Skianzügen draußen stehen und auf Kunden warten. Eine von

10 Tätigkeiten und ihr Kalorienverbrauch (durchschnittlich) zum Abnehmen

- 1 Stunde telefonieren = 80 Kalorien
- 30 Minuten schwimmen = 175 Kalorien
- 1 Stunde Sex = 430 Kalorien
- 2 Stunden Auto fahren = 250 Kalorien
- 1 Stunde fernsehen = 100 Kalorien
- 1 Viertelstunde bügeln = 40 Kalorien
- 5 Minuten Treppen steigen = 50 Kalorien
- 1 Stunde Spazieren gehen = 300 Kalorien
- 30 Minuten Gymnastik = 220 Kalorien
- 1 Stunde auf dem Sofa liegen = 60 Kalorien

ihnen schaut mir lächelnd ins Gesicht und sagt unter dem Gejohle der anderen Mädchen: „Bingo!". Sie und ihre Kolleginnen schauen nämlich immer die Show und kaufen sogar manchmal Lose.

Um 4 Uhr liege ich im Bett und schaue aus dem Hotelzimmer über die leuchtende Stadt Hamburg – toll.

Sonntag

Ein besonderer Tag für alle: Nach einem Vierteljahr zeichnen alle 80 Beteiligten die vorerst letzte Folge der FettWegShow auf. Als ich nach meiner Sendung im Hörfunk ins Studio komme, ist eine ganz besondere Stimmung. Wir alle haben ja auch ohne diese Show eine Menge zu tun, aber wir waren ein Vierteljahr ein tolles Team. Ich will nicht wieder zunehmen, darum beginne ich den Tag im Studio mit einer Runde Walking.

Dann proben wir für „Bingo!", heute gibt es zusätzlich zu allen anderen Preisen drei Autos zu gewinnen. Viel Gewusel in der Sendung, das ganze Team hat die Aufzeichnung am Abend im Kopf. Es wird eine tolle Bingo-Sendung und als ich dann in die Garderobe komme, ist Carlo da. Carlo von Tiedemann, Kultmoderator und einer der nettesten Kerle, die ich kenne, wird am kommenden Sonntag „Bingo!" moderieren, wenn ich nicht auf 155 Kilo abgenommen habe.

Carlo ist bester Laune und wir haben schon in der Probe viel Spaß. Wie ich hat er mehr Lust am Improvisieren als an gelernten Texten und wir lachen schon jetzt Tränen.

Zu Gast sind heute auch die FettWegTeams aus Norddeutschland. Alle sind gut drauf und alle haben eine Geschichte zu erzählen. Karin aus Schwerin zum Beispiel hat ihrem Mann nie gesagt, dass sie 90 Kilo wiegt. Jetzt hat sie kräftig abgenommen und ist sehr stolz.

Andreas aus Kiel will auch weiter abnehmen, hat sogar Spaß am Abnehmen. Toll, was wir geschafft haben in der Sendung. Die Redaktion hat alle Meldungen sortiert: über 70 Tonnen weniger Fett in Norddeutschland dank der FettWegShow.

Um Viertel vor 10 Uhr heißt es zum letzten Mal: Vorspann ab! Gleich zu Beginn darf ich auf die Waage. Und was ich geahnt hatte: Trotz Sport, trotz aller Anstrengung habe ich es nicht geschafft. Die Waage steht bei 157,8 Kilo. Ich habe 22,2 Kilo abgenommen, aber eben nicht 25! Egal, ich bin stolz, und das Publikum johlt. Tatsächlich: Carlo wird am Sonntag „Bingo!" moderieren.

Die 8 besten kleinen Sportübungen für den Alltag

- Treppensteigen statt Fahrstuhl
- Parken am entferntesten Parkplatz
- Bauchmuskeln anspannen bei jedem Telefonklingeln
- Bus oder Bahn eine Station früher verlassen und zu Fuß gehen
- Liegestütze an einer Hauswand
- Beine anheben auf dem Schreibtischstuhl
- Gymnastik mit einem Terraband
- Mit dem Fahrrad statt Auto zum Zeitung holen

Die Sendung ist um 11 Uhr im Kasten, im Studio werden Urkunden verteilt für die FettWegTeams, und nach dem Umziehen gibt es einen Umtrunk im Studio und natürlich ein paar Reden. Ich verzichte auf den Sekt und bleibe beim Wasser, denn nun beginnt bei mir die Phase des Gewichthaltens. Es ist weit nach Mitternacht, als ich für ein paar Stunden Schlaf nach Hause fahre .

Montag

Die Sendung ist im Kasten und heute Abend erfahren die Zuschauer, dass ich mein Ziel nicht ganz erreicht habe. Immerhin: Über 20 Kilo sind nicht schlecht. Was ich weiß, wissen die Zuschauer noch nicht. Nach meiner Sendung im NDR-Hörfunk bin ich heute auf der Computermesse CeBIT in Hannover. Am Stand von Sony muntern mich zwei Hostessen auf:

Sie schauen jeden Sonntag „Bingo!" und jeden Montag die FettWegShow. „Wir schauen heute Abend auf unserem Stand die Sendung und drücken die Daumen."

Eigentlich könnte ich doch heute mal gut was essen gehen, oder? Keiner mehr, dem ich Rechenschaft ablegen muss. Aber ich habe die Worte von meinem Coach im Ohr: Die Fettzellen sind noch da. Die warten, dass sie gefüttert werden. Also esse ich erst Harzer Käse ohne Brot, am Abend dann gedünsteten Blumenkohl.

Nachtrag

Heute ist Dienstag, mitten im August. Heute ist Redaktionschluss für das Buch, das Sie gerade in den Händen halten. Stellen Sie sich vor: Ich halte tatsächlich mein Gewicht! Seit Beginn der Show habe ich bis heute 35 Kilo abgenommen. Bis zu einem schlanken Menschen ist es noch ein weiter Weg – aber ich bleibe dran!

Thunfisch in Sesam mit Spinatsalat

Dies ist eines meiner Lieblingsgerichte, eine gesunde und leckere Mischung aus fast rohem Gemüse und leicht gegartem Fisch, exotisch gewürzt und leicht in der Zubereitung. Manch einer wird erst einmal schlucken? Spinat? Das gehört nicht gerade zu den Lieblingsgerichten der Menschen in Deutschland. Das liegt vielleicht daran, dass Generationen von Kindern mit dem Hinweis auf den angeblich hohen Eisengehalt zum Spinatessen gezwungen worden sind. Das mit dem Eisen im Spinat ist schlichtweg falsch. Und man muss Spinat einfach anders zubereiten, als ihn mit großer Hitze so lange zu kochen, bis er flüssig auf den Teller kommt. Und auch der trockene Thunfisch, den wir im Supermarkt in der Dose kaufen und der im Öl schwimmt, ist vielleicht gut für eine „Pizza Tonno", nicht aber für dieses leckere, leichte Gericht. Die meiste Arbeit dabei macht der Einkauf.

ZUTATEN

600 Gramm frisches Thunfisch-Filet
50 Gramm Sesamsamen
1 Kilo frischer Blattspinat
Sesamöl
Sojasauce, jeweils dunkel und hell
1 Zitrone
Salz
Pfeffer

Zuerst den Blattspinat sorgfältig säubern und waschen. Blattspinat macht natürlich ein wenig mehr Arbeit als der tiefgekühlte Spinat mit dem Blupp. Wenn er frisch vom Feld kommt, ist er oft voller Sand und er soll ja später nicht zwischen den Zähnen knirschen. Also müssen wir ihn in einem Sieb unter fließendem Wasser gründlich spülen.

In einem Topf Salzwasser mit einem Schuss Zitronensaft zum Kochen bringen. Darin den Spinat zwei bis drei Minuten blanchieren. Das geht nicht in einem Schwung; ich teile den Spinat immer in mehrere Portionen und blanchiere nacheinander. Dann in Eiswasser abschrecken, damit der Spinat schön grün bleibt.

Auf einem Küchentuch sorgfältig abtropfen lassen und dann auf kleine Teller verteilen. Am besten eignen sich die tiefen Schälchen, aus denen Chinesen essen. Es geht aber auch jedes andere etwas tiefere Tellerchen. Darin wird der blanchierte Blattspinat übereinander angerichtet, leicht gesalzen und mit der hellen Sojasauce übergossen. Zwei bis drei Löffel davon reichen. Während man die dunkle Sojasauce inzwischen überall im Supermarkt bekommt, muss man nach der hellen, nicht ganz so intensiven etwas länger suchen. Meist wird man im Asiashop fündig.

Nun müssen wir noch dem Fisch und die Sauce zubereiten. In einem kleinen Topf 100 ml dunkle Sojasauce mit einem Spritzer Zitronensaft zum Köcheln bringen und auf die Hälfte einkochen lassen. Den Thunfisch in möglichst rechteckige Stücke schneiden und an zwei Seiten in den Sesamsamen drücken – die Oberfläche muss dicht mit den leckeren Körnchen bedeckt sein.

In einer Pfanne einen Teelöffel Sesamöl erhitzen und den Thunfisch hineingeben – und zwar mit einer der beiden Seiten, die nicht mit Sesam bedeckt ist.

Wie lange der Fisch von jeder Seite gart, ist reine Geschmackssache. Sushi-Liebhaber werden den Fisch nur ein paar Sekunden lang Farbe annehmen lassen und ihn fast roh verzehren.

Wer das nicht mag, lässt ihn zwei oder drei Minuten garen und dreht ihn dann auf die andere Seite. Nach dem Garen leicht salzen und pfeffern. Dann ist der Fisch fertig.

Auf einem weißen Teller dann den Thunfisch anrichten und an die Seite einen Teelöffel der reduzierten Sojasauce geben. Der Spinat wird auf extra Tellern serviert. Und dann kann der perfekte Genuss beginnen.

Teil III

Aller Anfang ist schwer …

Aller Umfang ist schwer – Die Stolpersteine auf dem Weg zum Erfolg

Wenn ich im Nachhinein auf die Pfunde blicke, die ich verloren habe, bin ich natürlich stolz. Das Stück harter Arbeit, vor den Augen der Öffentlichkeit abzunehmen, wird leichter im Angesicht des Erfolges. In der Talkshow „Herman & Tietjen“ im NDR-Fernsehen erzählte ich von meinem Fett-WegProgramm. Einer der Talkgäste meinte halb im Scherz, halb im Ernst: „Wenn Sie so erzählen, dann klingt es so, als gäbe es nichts Schöneres, als auf Diät zu sein!“

Nein, diesen Eindruck möchte ich nicht vermitteln. Es gibt einige Punkte, die jedem Dicken das Leben beim Abnehmen zur Hölle machen!

Stolperstein Tankstelle & Co.:
Morgens halb 8 Uhr in Deutschland. Die ersten Kilos sind geschafft. Ich habe mein Auto voll getankt und stehe an der Kasse der Tankstelle. Zwei Meter neben der Kasse ein Backshop, es riecht herrlich nach Butter-Croissants. Der Kampf mit dem inneren Schweinehund beginnt: Ein einziges Croissant nur, wie wäre das lecker! Der Duft foltert das Gehirn!

Tief durchatmen, zahlen und die Flucht ergreifen – wer einmal nachgibt, hat verloren.

Stolperstein Essen in Gesellschaft: Essen gehen ist ein Teil meines Lebens. Wenn ich allein am Tisch sitze, ist es kein Problem, auf Brot und Nudeln und Kartoffeln zu verzichten. Die Gefahr lauert, wenn am Tisch lauter Leckermäulchen versammelt sind. „Nimmst du heute kein Brot?“ – diese Frage kommt nach spätestens drei Minuten. „Ach komm, Nudeln sind doch gar nicht so schlimm, kaum Fett drin“, folgt spätestens beim Hauptgericht. Standhaft bleiben. Auf der Waage sind die Ratschläge der guten Freunde wertlos.

Stolperstein Gemütlichkeit: „Wer arbeitet, muss auch feiern“, sagt der Volksmund. Da sitze ich zum Beispiel bei einer Bingo-Kreuzfahrt in gemütlicher Runde an der Bar und trinke Wasser. Alles um mich herum wechselt in schneller Folge zwischen Bier, Wein, Cocktails und Schnaps. Nachzugeben ist so leicht. Natürlich wäre es schön, ein kühles Bier zu trinken. Aber Geselligkeit kann auch dick machen. Mein Tipp: Humor.

„Was darf es sein?“, fragt der Barkeeper.
Ich: *„Eskimo-Flip!“*
Barkeeper: *„Eskimo-Flip?“*
Ich: *„Ja!“*
Barkeeper: *„Hab' ich nicht. Was ist das denn?“*
Ich: *„Mineralwasser auf Eis mit einem Schuss Soda“*

Stolperstein warmes Bett: Es ist früh am Morgen, es ist kalt, der Wecker klingelt. Eigentlich könnte ich noch liegen bleiben. Aber ich will walken oder besser: Ich muss walken. Wer träge wird, nimmt nicht mehr ab. Bewegung muss sein. Ich war am Abend vorher so sicher, dass ich voller Freude walken gehe. Jetzt regnet es, ist dunkel und das Bett ist so schön warm. Ich zwinge mich, aufzustehen. Nach zehn Minuten an der Luft geht es mir besser als jetzt im Bett.

Stolperstein Werbung: Es ist so verführerisch. Trinken ohne Kalorien, Naschen ohne Fett, Essen ohne Reue. Aber die Werbung ist im besten Fall irreführend, im schlechtesten falsch. Tatsächlich enthalten Gummibärchen kaum Fett. Dafür sind sie sehr zuckerhaltig. Wer also die Werbeaussage „fettfrei" übersetzt mit „Kann ich bedenkenlos essen", tappt in die Falle. Oder nehmen wir das Prädikat „light". Das kann bedeuten, dass ein Produkt weniger Kalorien hat als ein anderes – es ist aber kein Freibrief. Light-Bier hat vielleicht weniger Kalorien, ist aber trotzdem sehr nährstoffreich. Zuckerfreie Cola enthält tatsächlich kaum Kalorien, dafür eine Menge Chemie. Margarine ist nicht gesünder als Butter, auch nicht Diät-Margarine, die zwar weniger Kalorien hat, aber nicht wenig.

10 verzeihbare Kaloriensünden

- 1 Stück Bitterschokolade
- 1 Scheibe alter Gouda
- 1 Stück Putenbrust
- 1 Löffel Salmiakpastillen
- Vollkornnudeln mit Tomatensauce
- Espresso mit Milchschaum
- 1 Hand voll Gummibärchen
- 1 Kugel Fruchteis
- 1 Glas Fruchtschorle
- 1 Obstsalat mit Kakaopulver

Und ein weiterer Punkt entpuppt diese Produkte als Stolperstein: Wer ein Light-Produkt isst oder trinkt, hat das Gefühl, er könne davon mehr essen. Ein Trugschluss, den man spätestens beim nächsten Wiegen spürt.

Und er bewegt sich doch – Lust und Frust im Trainingsprogramm

Nein, ich bin nicht zum Hochleistungssportler geworden. Klar, der laufende Außenminister Joseph „Joschka" Fischer hat nach seinem Gewichtsverlust Marathon gelaufen, mein Coach in der FettWegShow lief die 42,195 Kilometer durch New York. Aber das war und ist nicht mein Ziel. Trotzdem ist Sport zu einem Teil meines Lebens geworden. Das wäre vor Jahren undenkbar gewesen. Wer zunimmt, verliert die Lust an Bewegung. Was ja auch kein Wunder ist: Mein Höchstgewicht waren 189,5 Kilo. Stellen Sie sich vor, sie sind ein normalgewichtiger Mensch mit 187 Zentimeter Größe und wiegen 90 Kilo. Und dann gehen Sie laufen und tragen einen Kartoffelsack von 99,5 Kilo Gewicht Michael Thürnau mit sich herum – dann haben Sie eine ungefähre Vorstellung von den Herausforderungen, denen ich mich beim Sport stellen muss. Das ist ja auch ein Teufelskreis, den es zu durchbrechen gilt: Mit Übergewicht kein Sport, ohne Sport keine Abnahme, ohne Abnahme weiter Übergewicht. Nein, eine Sportskanone bin ich nicht geworden, aber ich bewege mich.

10 Dicke Prominente

- Ottfried Fischer
- Helmut Kohl
- Marlon Brando
- Dirk Bach
- Hella von Sinnen
- Harry Wijnvoord
- Die Wildecker Herzbuben
- Elvis
- Danny de Vito
- Luciano Pavarotti

Nordic Walking: Eigentlich ist das nichts anderes als schnelles Spazierengehen mit Stöcken.Von manchen verspottet haben die Stöcke aber doch einen Vorteil: Mit ihnen werden auch die Muskeln des Oberkörpers trainiert. Die Lust am Gehen stellt sich schnell ein: Beim schnellen Gehen kommt viel Sauerstoff in den Körper. Man schwitzt und fühlt sich gut, wenn man nach einer Stunde Nordic Walking duscht. Aber nicht jeder Tag ist gleich gut: Bei Sonne macht es mehr Spaß, als wenn es Bindfäden regnet. Beim Gehen merkt man seinen Körper, man spürt die Pfunde auf den Rippen. Und gehen kann langweilig sein. Aber wer einen Walkman mitnimmt (oder neuerdings einen MP3-Player), wer auf die Natur achtet oder in einer kleinen Gruppe walkt, überwindet die Eintönigkeit schnell.Wie so oft im Leben: Der Anfang ist schwer. Wenn sich erste Erfolg einstellen, walkt man mit Freude.

Schwimmen: Ideal zu Fettverbrennung und doch ein großer Schritt für Dicke. In Badeanzug oder Badehose zieht man viele Blicke auf sich, und das ist manchmal ein Problem. Genau wie die Wassertemperatur: Im Freibad ist das Wasser meist kühler, als wir es uns wünschen. Und wer im Winter morgens schwimmen geht, hat zunächst einmal eine Abneigung gegen das Wasser im Hallenbad. Wer sich überwindet, wird mit einem optimalen Sport für Dicke belohnt: Die Bewegung im Wasser schont die Gelenke, man fühlt sich leichter.Wer nicht nur badet, sondern zügig schwimmt, verbrennt optimal Fett. Und wie bei kaum einer anderen Sportart werden fast alle Muskeln im Körper bewegt.

Fitnessstudio: Ob Sie es glauben oder nicht: Zwei- bis dreimal in der Woche gehe ich ins Fitnessstudio. Wenn ich es nicht schaffe, habe ich kein schlechtes Gewissen. Aber es ist zu einer guten Gewohnheit worden. Natürlich ist es eine hohe Hürde für dicke Menschen, einen Fuß über die Schwelle des Studios zu setzen. Dort trifft man meist Menschen, die dem Idealbild mehr entsprechen als man selbst. Ein weiterer Frustpunkt: Natürlich bewegen sich schlanke Menschen besser auf dem Crosstrainer, sind schneller auf dem Laufband als man selbst. Egal: Von Woche zu Woche kommt mehr Selbstbewusstsein zurück.

Mir selbst gefällt die Bewegung auf dem Laufband besser, weil das Band die Geschwindigkeit vorgibt und man sich nicht so leicht selbst belügt. Und glauben Sie mir: In den meisten Fitness-Studios sind geschulte Trainer, die auch die Kraftmaschinen und Hantelbänke erklären. Denn irgendwann kommt bei jedem Dicken der Wunsch, noch mehr Pfunde zu verlieren. Dann muss man Muskeln aufbauen – und wo geht das besser als im Studio?

Bewegung im Alltag: Bequemlichkeit ist einer der Gründe, warum ich dick geworden bin. Die Fahrt mit dem Auto zum Bäcker. Der Fahrstuhl im Parkhaus. Die Rolltreppe im Kaufhaus. Als ich begann, das FettWegProgramm umzusetzen, waren diese Bequemlichkeiten vorüber. Das ist ein Zeichen für Geist und Körper: Jetzt geht es abwärts mit den Pfunden. Wenn ich jetzt zum Bäcker muss, bleibt das Auto in der Garage – ich gehe zu Fuß. Die vier Stockwerke hoch in mein Fitnessstudio gehe ich schnellen Schrittes und nehme nicht den Fahrstuhl. Wenn ich im Einkaufszentrum Bingo-Lose besorge, parke ich mein Auto nicht vor der Tür, sondern weit entfernt vom Eingang. Es ist immer wieder eine Überwindung, denn natürlich bleibt ein Stück Bequemlichkeit im Kopf. Aber mit jedem Schritt gewinne ich eine Runde mehr im Kampf gegen mein Übergewicht.

Döner-Teller

Hand aufs Herz: Ein Döner beim Türken an der Ecke ist ein Stück Lebensqualität. Schon der Duft des gebratenen Fleisches lässt Leckermäulern das Wasser im Munde zusammenlaufen. Wenn der Döner gut gemacht ist, gehört er zur Kategorie „Leckeres Fast Food". Er ist aber auch eine Kalorienbombe. Ein richtiger Döner mit allem hat locker mehr Kalorien als ein Big Mäc mit Pommes. Die Kombination aus Kohlenhydraten, fettem Fleisch und fetten Saucen ist der klassische Sündenfall für eine Diät.

ZUTATEN

500 Gramm mageres Putenbrustfilet
1 Paprika
1 Rotkohl
1 Weißkohl
Saft einer Zitrone
1 Tasse Gemüsebrühe
1 Gemüsezwiebel
1 Becher Magerjoghurt
150 Gramm Schafskäse
1 Salatkopf, zum Beispiel Eisbergsalat
4 Tomaten
3 Knoblauchzehen
Salz, Pfeffer, Paprika, Thymian, Cumin (türkisches Gewürz), Chilipulver, Oregano, Kümmel

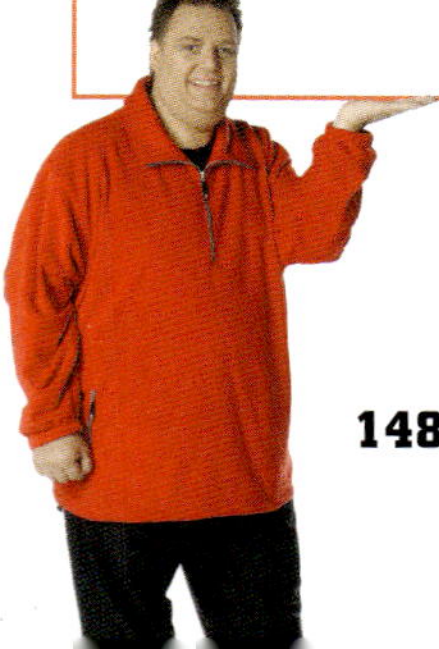

Dabei sind die Zutaten für einen Döner eigentlich kein Problem: Fleisch, Salat, Joghurt, Gemüse. Daraus müsste sich doch eigentlich ein gesundes FettWegRezept machen lassen, oder? Und tatsächlich: Wenn man die Zutaten ein wenig ändert, das Brot weglässt und auf Geschmack statt Fett setzt, dann lässt sich ein toller Döner zaubern. Döner zur kalorienbewussten Ernährung? Jawohl, mit meinem „Döner-Teller".

Aus den Gewürzen mischen wir zunächst das Döner-Gewürz, das man im Glas ein paar Monate aufheben kann. Die Menge des Chilipulvers hängt von den eigenen Geschmacksnerven ab, ich nehme immer von allen Gewürzen einen Esslöffel und rühre kräftig durch.

Den Rotkohl und Weißkohl mit einer Gemüsereibe in feine Streifen raspeln. Getrennt mit Salz, Knoblauch und der Gemüsebrühe zu einem Krautsalat verarbeiten.

Das Putenbrustfilet in Streifen schneiden, mit Salz, Knoblauch und dem Zitronensaft kurz marinieren lassen und in einer beschichteten Pfanne knusprig braten. Das geht

ohne Fett, denn aus dem Fleisch tritt nach und nach genug Flüssigkeit aus.

Paprika würfeln und in einer zweiten Pfanne kurz mit einem Teelöffel Öl anschmoren. Salat waschen, zerteilen und auf dem Teller anrichten. Den Magerjoghurt salzen. Dann 50 Gramm vom Schafskäse, eine Knoblauchzehe, Salz und Kümmel mit einem Stabmixer unter den Joghurt rühren – das macht die Sauce schön cremig.

Wenn das Fleisch schon braun und knusprig geworden ist, können wir unseren gesunden „Döner-Teller“ anrichten: Das Fleisch wird noch mit dem Döner-Gewürz bestreut, dann weißen und roten Krautsalat, den Salat und die Paprika auf den Teller geben, mit der Joghurtsauce übergießen. Auf jeden Döner-Teller noch eine geviertelte Tomate geben und mit Ringen von der Gemüsezwiebel belegen. Wer es scharf mag, kann noch weiteres Chilipulver darüber streuen.

Ohne Brot, wenig Fett und reichlich Salat und Gemüse – da vergisst man glatt, dass dies kein Originaldöner ist. Und da passt auch perfekt der Werbespruch: Döner macht schöner!

Seitenblicke – Warum so viele andere Diäten scheitern

Mir geht es wie jedem anderen beleibten Menschen: Irgendwann schaut man in den Spiegel und beschließt, den Gürtel enger zu schnallen – im wahrsten Sinne des Wortes. Das Angebot an Diäten wird nur noch übertroffen von der Fantasie der Anbieter bei der Preisgestaltung. In der Buchhandlung auf dem Flughafen gibt es Bücher über die „Astro-Diät", die „Kohlsuppen-Diät", den „Traumfigur-Plan", die verschiedenen Atkins-, Low-Carb- und Slow-Food-Ernährungspläne, die Blutgruppen-Diät und, und, und. Im Internet findet man Tabletten, die angeblich die Aufnahme von Fett verhindern und für 49,– Euro pro Monat fast schon ein Schnäppchen sind – verglichen jedenfalls mit dem Schlank-Pulver aus Holland für 199,– Euro.

„Schlank durch Akupunktur" ist ein Versprechen, ein anderes „Garantiert flacher Bauch, flacher Po" durch fünf Minuten täglich auf dem Heimtrainer für nur 149,– Euro zuzüglich Versandgebühr.

All diese Wunderangebote verschweigen eines: Wer abnehmen will, muss weniger essen und sich mehr bewegen. Akupunktur kann vielleicht helfen, den Hunger zu dämpfen. Wer glaubt, die Kraft der Nadeln mache ihn schlank, wird enttäuscht.

Über Wunderpillen lohnt es sich nicht, ein Wort zu verlieren. Wer wirklich glaubt, es gäbe die Wunderpille zum Schlankwerden – dem ist nicht zu helfen.

Aber warum scheitern so viele der anderen Diäten? Schon der Ansatz ist falsch, habe ich von meinem Coach gelernt. Das Problem bei einer Diät: Sie hat einen letzten Tag. Aber was ist, wenn die Diät zu Ende ist? Wer drei Wochen Kohlsuppe isst, kehrt am ersten Tag nach der Diät zur alten Verhaltensweise zurück und nimmt wieder zu. Eine Eierkur, die in den 70er-Jahren so beliebt war, hilft, um schnell vor dem Urlaub 2 Kilo zu verlieren. Aber wer dauerhaft abnehmen will, wird damit keinen Erfolg haben.

Erfolgreich hingegen sind Gruppen wie die Weight-Watchers. Das Wiegen in der Gruppe setzt jeden Teilnehmer einem sanften Gruppenzwang aus. Ob jemand die Produkte kaufen möchte, die es von dieser Firma gibt, muss jeder selbst wissen.

Es funktionieren auch die unter verschiedenen Namen bekannten Programme, die Jogging und Eiweißpulver in den Mittelpunkt stellen. Aber Hand aufs Herz: Wer will in Zukunft nur noch Eiweißdrinks zu sich nehmen? Und welcher Dicke kann täglich joggen?

Letzte Hilfe für stark übergewichtige Menschen sind Kuren. Aber was macht man, wenn die Kur vorüber ist? Was ist am ersten Tag nach der Rückkehr?

Und die vielen Rezepte in den bunten Frauenzeitschriften? Ja, die können beim Abnehmen helfen. Aber was fettfrei ist, muss noch nicht schlank machen. Nicht jede Hausfrau kann jeden Tag ein kompliziertes Diät-Menü kochen. Und wer sich richtig ernährt, wird nicht automatisch schlank – jedenfalls nicht ohne Bewegung.

Der Erfolg, den ich in der FettWegShow am eigenen Leibe gespürt habe, beruht auf

10 Abnehm-Regeln

- Iss viel frisches Obst
- Bewege dich täglich wenigstens eine halbe Stunde
- Meide Zucker
- Iss so viel Gemüse, wie du willst
- Verzichte auf Kohlenhydrate, besonders auf Brötchen, Weißbrot, Nudeln, Kartoffeln
- Achte bei Bewegung auf deinen Puls – sonst verbrennst du kein Fett
- Vermeide versteckte Fette, zum Beispiel in Wurst
- Wiege dich regelmäßig und betrachte dich im Spiegel
- Trinke mindestens drei Liter Wasser täglich
- Schlafe ausreichend und lache viel

der Kombination der richtigen Verhaltensweisen. Es ist keine Diät, sondern eine dauerhafte Änderung der Lebenseinstellung. Auf der einen Seite wird durch gemächlichen Sport Fett verbrannt und Muskelmasse aufgebaut. Auf der anderen Seite wird gegessen, was den Körper abnehmen lässt: viel Gemüse und Obst, weniger Fett, reichlich Eiweiß, kaum Kohlenhydrate. Natürlich sind Obst und Gemüse teurer als Fertiggerichte. Abnehmen ist nun mal weder einfach noch billig. Aber bevor ein Dicker zu teuren Pillen greift, ist Obst und Gemüse auf jeden Fall die bessere Wahl – und schmeckt außerdem noch besser. Das man zum Abnehmen auf Alkohol und Süßigkeiten verzichten muss – dass ist klar.

Gemütliche Dreharbeiten im Hotel in Hannover

Die Top-5 der kalorienarmen Getränke

- Wasser
- Früchtetee
- Apfelschorle (3 Teile Wasser, 1 Teil Apfelsaft)
- Kaffee
- Eistee ungesüsst

Notfallplan – Was ich tue, wenn mich Fresslust und Faulheit überkommen

Jeder Plan zum Abnehmen funktioniert nur, wenn man ihn einhält. Eine Binsenweisheit eigentlich, aber auch die wichtigste Voraussetzung zum dauerhaften Erfolg. Die Versuchungen lauern überall. Was also tun, wenn man schlafen möchte statt zu schwimmen? Wenn einen die Lust überkommt auf Süßes? Wenn die Nudeln auf dem Teller so verführerisch in ihrer fetten Sauce glänzen?

Sport: Es muss zur guten Gewohnheit werden, morgens zu walken oder ins Fitnessstudio zu gehen. Ich packe immer am Abend vorher meine Tasche oder stelle die Schuhe raus. So geht es am Morgen schneller. Ein weiterer Trick: Erzählen Sie am Abend vorher einem Freund, der Familie oder den Kollegen, dass Sie Sport machen. So setzen Sie sich selber unter Druck. Denn wer erklärt schon gern, dass die Faulheit Grund war, im Bett zu bleiben. Oder verabreden Sie sich zum Walken. In der Gruppe ist es oft lustiger und eine Verabredung sagt man nicht so leicht ab.

Ich bin, seit ich Sport mache, Besitzer eines MP3-Players. Ich kopiere mir regelmäßig Hörbücher darauf und höre beim Walken oder auf dem Crosstrainer „Harry Potter" oder „Der Name der Rose". So freue ich mich immer auf das nächste Training.

Nach dem Training belohne ich mich mit einem großen Glas Wasser mit Zitronensaft – wer abnimmt lernt die kleinen Freuden zu schätzen. Irgendwann wird der Sport zur Gewohnheit – und so muss es sein. Natürlich kostet es Zeit. Aber ehrlich: Es ist lustiger, gesünder und besser, eine Stunde zu walken, als eine Stunde zu vertrödeln. Seien Sie ehrlich: Eine Stunde pro Tag finden die meisten Menschen für sich!

Essen: Nein, man ist nie sicher vor den Verführungen. Einem Schleckermäulchen geht es da wie einem trockenen Alkoholiker. Man lebt mit der ständigen Gefahr, alle Vorsätze zu vergessen. Da ist es gut, wenn erst gar kein Heißhunger aufkommt. Also verzichte ich auf Lebensmittel, die viel Zucker enthalten oder süß schmecken. Wenn der Blutzuckerspiegel nämlich sinkt, kommt der Heißhunger.

Im Restaurant hilft mir Wasser. Wenn ich ein großes Glas getrunken habe, zum Beispiel mit dem Saft einer Zitrone, ist die Wartezeit bis zum Essen erträglich. Wenn mich der Hunger im Auto überkommt, greife ich zum Apfel. Manchmal hilft auch ein Glas Molke, wenn ich abends lange im Büro sitze. Und gegen den großen Hunger zwischendurch: Eine Paprika oder Gurke aus dem Supermarkt mit einem Stück Harzkäse – fettfrei, ohne Kohlenhydrate, eiweißreich und gesund.

Und wenn man dann wirklich mal gesündigt hat, hilft eine Erkenntnis: Morgen ist ein neuer Tag und an jedem neuen Tag habe ich die Chance, es besser zumachen.

6 Lieder zum Abnehmen

- Super Sexy/ Michael Thürnau
- I'm Walking/ Fats Domino
- A walk in the Park/ Nick Straker Band
- Ich will keine Schokolade/ Trude Herr
- Ich fahr' so gerne Rad/ Peter Petrel
- Dicke/ Marius Müller Westernhagen

Psycho-Tricks: Warum sollte es eigentlich nur Politikern vorenthalten belieben, ab und an in die Trickkiste zu greifen? Um beim neuen Leben mit Sport und der richtigen Ernährung keine Rückschläge zu erleben, empfehle ich den

Fototrick: Kleben Sie an den Badezimmerspiegel oder den Kühlschrank ein Foto aus alten Zeiten, in denen Sie schlank waren, neben Ihr schlimmstes Figurfoto. Der tägliche Blick darauf zeigt, warum sie jetzt anders leben.

Klamottentrick: Bringen Sie zu weit gewordene Kleidung zum Schneider. Der muss sie enger machen. Wer in seiner Hose zu viel Platz hat, wird nachlässig.

Wiegen-lassen-Trick: Regelmäßig muss man auf die Waage, wenn man abnehmen will, möglichst einmal in der Woche. Doch nur zu gern beschummelt man sich selbst. Deshalb: Lassen Sie sich wiegen, vom Ehepartner, Arzt, Kollegen.

Belohnungstrick: Belohnen Sie sich – mit einem Buch, mit einem Kinobesuch. Und lachen Sie viel. Forscher haben ja herausgefunden, dass 15 Minuten Lachen am Tag eine Menge Kalorien verbraucht. Und mehr als das: Wer fröhlich ist, signalisiert seinem Körper, dass es ihm gut geht.

Positiv-denken-Trick: Stellen Sie sich Ihr Leben als schlanker Mensch vor. „Visualisieren" Sie dieses Ziel, wie es die Psychologen nennen. So wie sich Oliver Kahn jede Situation eines Spiels bildlich vor Augen führt oder Schumi jede Kurve vor dem inneren Auge sieht, können Sie sich vorstellen, wie Sie mit Idealgewicht einkaufen gehen. Das macht nicht von selbst schlank, hilft aber.

...dünner zu bleiben dagegen sehr – Wie man auch langfristig sein Gewicht hält

Abschreckende Beispiele gibt es genug, in der Öffentlichkeit und auch im privaten Umfeld: Außenminister Fischer zum Beispiel joggte sich schlank und ist heute wieder „gut im Futter", wie der Volksmund so schön sagt. Wenn der Jo-Jo-Effekt zuschlägt, dann gnadenlos. „Die Fettzellen lauern nur darauf, dass Sie nach der Diät wieder gefüllt werden", erklärte mir mein Coach während der FettWegShow.

Die Wahrheit ist ganz schlicht: Jeder Körper hat einen Bedarf an Kalorien, den man errechnen kann. Führt man täglich eine bestimmte, errechnete Kalorienzahl zu, bleibt das Gewicht gleich. Nehme ich mehr Kalorien zu mir, nehme ich zu, esse ich weniger, nehme ich ab. Um abzunehmen, muss ich also weniger essen als zuvor oder bei gleicher Kalorienzufuhr mehr verbrauchen. Ich gebe zu: Das war nicht wissenschaftlich ausgedrückt und berücksichtigt auch nicht Blutzuckerspiegel, Nahrungsmittelgruppen und all die anderen Faktoren. Aber ganz schlicht ausgedrückt: So funktioniert der Körper.

Natürlich wird nicht jeder, der nach dem FettWeg-Plan abnimmt, sein Leben lang auf Alkohol verzichten. Natürlich esse auch ich ab und an ein Eis. Natürlich siegt beim Kampf zwischen Aufstehen zum Sport und Liegenbleiben im Bett nicht jeden Tag die Vernunft. Wichtig ist auch nicht die eiserne Disziplin. Der FettWegPlan fordert nicht den sklavischen Verzicht, sondern weist die grobe Richtung.

5 Gründe, warum es jeder schaffen kann

- Michael Thürnau hat es geschafft
- Jeder Körper erkennt, wenn man es ernst meint
- Abnehmen macht euphorisch
- Es ist ein Naturgesetz: Wer weniger isst und sich bewegt, nimmt ab
- Dick sein ist kein unabwendbares Schicksal

Das Gewicht zu halten, wenn man abgenommen hat, funktioniert, wenn man es sich täglich bewusst macht: Ich führe ein neues Leben, die alten Sünden werde ich nicht mehr begehen.

Mein Vater zum Beispiel war, als ich ein Schuljunge war, auch relativ dick. Bei einer Kur, die er wegen Bandscheibenproblemen antrat, setzte ihn der Arzt auf Diät. Er nahm sichtbar ab und hat sein Gewicht seitdem gehalten. Es geht also. Auch wenn wir manchmal die guten Vorsätze vergessen, sollten wir die ganz einfachen Regeln beachten:

- **Langsam essen:** Gut kauen, dann schmecken, dann schlucken.
- **Trinken:** Viel Wasser, auch Saft enthält Kalorien. Wenn Saft, dann als Schorle. Alkohol ist nicht verboten. Aber Achtung: Ein Bier macht Hunger.
- **Obst:** Immer erlaubt: Wer Obst ist, hilft dem Körper und vermeidet Heißhunger. An Obst kann man sich ruhig satt essen.
- **Nachdenken:** Jedes Gericht lässt sich mit Genuss essen, ohne dick machende Kohlenhydrate. Beim Chinesen gibt es jedes Gericht ohne Reis. Ein Fisch lässt sich grillen statt braten. Gemüse schmeckt auch ohne Sahnesauce.
- **Bewegen:** Jeder Gang macht schlank.

Strafe muss sein, Belohnung auch – Die originellen Aktionen der FettWegShow

Die FettWegShow lebt nicht nur von der Idee „Abnehmen". Fernsehen hat auch immer etwas zu tun mit schönen Bildern und originellen, witzigen Aktionen. Meine Aufgabe Woche für Woche: 5 Pfund abnehmen, jeden Montag beim Wiegen mussten 2,5 Kilo weniger auf der Waage sein. Und nach dem Waagen-Gang dann die Entscheidung, ob es eine Belohnung gibt oder eine Strafe. Eine Kamera ist jedes Mal dabei. Klar, dass alle Aktionen immer auch mit einem Augenzwinkern zu verstehen sind. Meine Redakteurin Natascha Unbehaun und ihr Team hatten sich verrückte Sachen ausgedacht. Leicht war es nie, Spaß hat es trotzdem gemacht.

Elefanten füttern im Zoo: Einen ganzen Tag verbringe ich im Zoo Hannover. Nicht auf der Seite der Besucher, sondern bei den Tieren. Ich muss Nilpferde füttern, Pelikanen die Fische in die Schnäbel stecken, das Elefantengehege ausmisten, Futterkörbe schleppen …Besonders lustig war mein Fußballspiel gegen eine Elefantendame. Und die Zoobesucher hatte ihre helle Freude, als ich beim Tauziehen von einem Dickhäuter durch das gesamte Gehege gezogen wurde.

Schuften im Stadion: Mein Wochenziel nicht erreicht und ich war einen Tag lang „Mädchen für alles" bei der Fußballmannschaft von

Holstein Kiel. Interessant? Oh ja, aber ein anstrengender Tag. Bälle aufpumpen, Trikots verteilen, Handtücher falten – und der absolute Albtraum: Fußballschuhe mit einer Bürste mit eiskaltem Wasser vom Dreck befreien. Als Zugabe habe ich den Rasen im Stadion vom Schnee befreit. Und dann musste ich beim Physiotherapeuten von Holstein Kiel noch trainieren. Das war sicherlich einer der Höhepunkte für alle schadenfrohen Zuschauer der FettWegShow.

Kulissenschieben im Musical-Theater: In der Neuen Flora in Hamburg läuft das Erfolgsmusical „Tanz der Vampire". Weil ich knapp an meinem Wochenziel gescheitert bin, muss ich einen Tag lang hier arbeiten. Unglaublich, was dort alles zu tun ist. Ich sauge den kompletten Zuschauerraum, bügele die Umhänge der Vampire, fege mit einem Handbesen die gesamte Kulisse, schiebe mit Muskelkraft die Bühnenbilder. Und als Zugabe etwas richtig Ekliges: Mit einer Zahnbürste reinige ich die Vampirgebisse, die jeder der Schauspieler auf der Bühne abends trägt.

Ein Tag in der Autostadt: Weil ich mehr abgenommen habe als nötig, gibt es eine Belohnung für mich in der Autostadt Wolfsburg. Ich darf rodeln, Auto fahren und als Höhepunkt im edlen Badeland der Autostadt bei Eiseskälte in einem heißen Whirlpool baden – an der frischen Luft. Das ist ja auch wichtig, wenn man abnimmt: Ab

und an muss man sich mit etwas Besonderem belohnen.

Regale füllen im Supermarkt: Hut ab vor den Menschen, die täglich das machen müssen, was ich als Strafe im real,- in Schwerin tue: Ich arbeite als Hilfskraft. Das beginnt mit dem Auffüllen der Obstregale mit schweren Kisten und hört mit dem Putzen des Supermarktfußbodens noch lange nicht auf. Halb Schwerin ist im real,- und lässt sich von mir die schweren Einkaufstüten zum Auto schleppen. Und dann muss ich noch stapelweise Getränkekisten in den Markt bringen.

Verwöhntag auf dem Erdbeerhof: Ein Tag nach meinem Geschmack als Belohnung für mehr als 5 verlorene Pfund. Ich bin auf dem berühmten „Karl's Erdbeerhof" in Rövershagen bei Rostock. Dort darf ich Diesellok fahren, in der Backstube helfen, besuche das Erdbeermuseum und bekomme noch eine Erdbeermaske.

Auf den Spuren von James Bond: Im edlen Hotel Atlantic in Hamburg erlebe ich einen wunderschönen Tag. Mit meiner Moderatorenkollegin Katrin Krebs trinke ich einen alkoholfreien Cocktail in der James-Bond-Suite – dort, wo Pierce Brosnan als Geheimagent ihrer Majestät wohnte. Auf dem Dach des Atlantic habe ich einen tollen Blick über ganz Hamburg. Der Höhepunkt: In der Wellnessabteilung des Hotel werde ich von drei Masseurinnen mit sechs Händen massiert.

Ich und die anderen – Wie die Mitstreiter der FettWeg-Show das Projekt erleben

Zur FettWegShow traf sich Woche für Woche ein großes Team im Studio - oder auch bei den Außendrehs. Wer zehn Wochen lang so eng zusammenarbeitet, erfährt natürlich einiges übereinander. Klar: Wenn ein Moderator abspeckt, dann hat das natürlich auch Auswirkungen auf das Team. Oft mussten alle warten, weil ich mit meinem Sportprogramm noch nicht fertig war. Manchmal suchten wir, bis ein Restaurant mit Salat auf der Speisekarte gefunden war. Darf ich Ihnen einen Teil des FettWegTeams vorstellen?

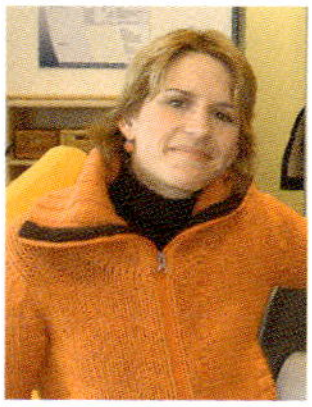

Moderatorin: Katrin Krebs, die Moderatorin der Sendung, ist eigentlich gar nicht so garstig, wie sie in der Show manchmal tat. Trotzdem ist ihr das Leben eines Dicken unbekannt. „Ich kann essen, was ich will, ich nehme nicht zu“, meint sie immer. Tatsächlich hat sie Idealmaße und sie lebte während der Aufzeichnungen auch ganz normal weiter. Wenn ich im Restaurant tapfer Salat mümmelte, griff Katrin auch mal gern zur Currywurst.

Redakteurin: Natascha Unbehaun hatte schon ein Jahr vor der Show einen Lieblingssatz: „Na, was macht die Waage?“ Eigentlich ist diese energiegeladene Frau ein netter Mensch. Aber wenn es um die Arbeit geht, vergisst sie ihre gute Kinderstube: „Wenn du eine Strafe bekommst, weil du zu wenig abgenommen hast, dann will ich dich leiden sehen", war ein anderer ihrer Lieblingssätze. Erst lange nach dem Ende der Show kamen dann auch mal diese Worte aus ihrem Mund: „Du hast echt abgenommen – das sieht man ja richtig!"

Produktionsleiter: Georg Germer, Freund und Kollege mit Berliner Schnauze, hat unter meinen Ideen immer zu leiden. Was immer ich mir ausdenke, setzt er in die Tat um: Badewannen im Studio, Dreh auf dem Dach eines Hotels und so weiter. Georg ist ein kreativer Mensch mit viel Witz, hat aber eine negative Seite: Er isst in meinem Beisein auch gern mal Brötchen komplett, das heißt: mit Butter, Remoulade, Salami und Käse.

Regisseurin: Geli Fuchs ist eine der ganz Großen im deutschen Fernsehen. Ob die „Harald-Schmidt-Show", die legendären Shows aus dem Tivoli der Hamburger Reeperbahn oder der wöchentliche Talk mit Reinhold Beckmann: Geli Fuchs zaubert Bilder und Atmosphäre. Sie war es, die Ruhe in die hektischen Produktionen brachte und immer darauf Acht gab, dass alles schön aussah. Wenn ein Dicker im Studio arbeitet und schwitzt, muss das ja nicht immer ein schöner Anblick sein. Geli Fuchs verstand es, dass ich und auch die vielen Mitglieder der Fett-WegGruppen gut aussahen. Wenn Geli unterwegs irgendwelche Produkte zum Abnehmen fand, bekam ich sie als Geschenk – sei es Tee gegen Hunger oder frisches Obst.

Kameramann: Maik Behres aus Potsdam und sein Assistent Piet Grotelüschen sind gefragte Profis, zum Beispiel an ihrer

Steadycam, einer schwebenden Kamera für besonders dynamische Aufnahmen. Ob bei minus 20 Grad im Freien oder unter Wasser im Schwimmbad – die beiden sind immer auf der Höhe des Geschehens. Für die besten Bilder hieß es für mich: „Bitte noch mal!" – egal, ob ich schon zum zehnten Mal einen Hügel hinaufgelaufen war oder nicht.

Maskenbildnerin: Julia Reich ist meine Maskenbildnerin seit meinen Anfangstagen im Fernsehen. Weil es Winter war bei den Dreharbeiten zur FettWegShow, fror die zarte Julia an fast allen Drehtagen. Sie ist diejenige, die Veränderungen an mir ganz schnell bemerkt. Als ich meine Ernährung umstellte, war sie die Erste, die sagte: „Deine Haut hat sich verändert!" Klar, wer weniger Fett zu sich nimmt, hat eine samtigere Haut. Eine besondere Herausforderung für Julia war es, meine Anzüge passend zu machen, nachdem ich Pfund um Pfund verlor.

Produzent: Dr. Michael Heiks ist Freund und Produzent seit vielen Jahren. Er setzte die Idee, im Fernsehen gemeinsam mit vielen Zuschauern abzuspecken, in eine Sendung um. Er war auch in den vergangenen Monaten mein ständiger Ermahner: „Wenn du nicht wirklich abnimmst, ist die ganze Idee der FettWegShow erledigt. Denk an alle die Zuschauer, die mit dir abnehmen!" Immer, wenn wir uns sehen, hat Michael Heiks eine neue Zeitschrift oder ein neues Buch zum Thema dabei. Und zum Start der FettWegShow bekam ich für mein Büro ein riesiges, gerahmtes Plakat von ihm geschenkt. Die Aufschrift: „Die fetten Jahre sind vorbei!"

Redakteurin: Silke Leinweber ist seit vielen Jahren meine Redakteurin. Auf sie bin ich an manchen Tagen neidisch: Sie kann essen wie ich, hat aber Idealmaße. Silke kümmert sich um Bingo und all die anderen Sendungen und ist ein echter Sonnenschein.

Unter Beobachtung – Wie prominente Kollegen die FettWegShow begleiten

Zehn Wochen FettWegShow - aber nebenher liefen auch die anderen Sendungen weiter und die große Frühjahrstournee und viele Auftritte in Talkshows. Dabei habe ich natürlich eine Menge Promis getroffen. Die einen mussten beruflich mit mir über meine Abnehmbemühungen reden. Die anderen waren nur am Rande davon betroffen. Geredet haben viele mit mir über das Thema.

Lutz Ackermann: Mein Moderatoren- und Bühnenkollege erlebt mich häufig beim Essen. Wir beide sind oft in den Restaurants in Norddeutschland unterwegs. Auf unseren Tourneen sind wir zwangsläufig beieinander, wenn es Essen gibt. So hat er als Erster meine Nahrungsumstellung mitbekommen. „Was ist los? Kein Brot heute?“, fragte Lutz an einem Mittag in unserem italienischen Lieblingslokal. Lutz ist ein guter Beobachter und bemerkte immer sofort, wenn mir die Hose rutschte. „Steht dir gut“, war seine Meinung nach den ersten 20 Kilo.

G. G. Anderson: Deutschlands erfolgreichster Schlagersänger ist das Gegenteil von mir: dünn und figürlich in Best-

form. Er hat einen feinen Humor und nahm mich bei der Tournee jeden Abend sprichwörtlich auf den Arm: „Ich hatte heute Abend …" begann sein Satz und er ging weiter mit einer Schilderung der leckersten Spezialitäten. Jeden Montag kam er zur Veranstaltung und hatte die neue Ausgabe der FettWegShow gesehen und wusste am nächsten Abend sogar die Einschaltquote.

Eva Herman: Die Tagesschau- und Talk-Lady sprach mit mir in der Talkshow „Herman & Tietjen". Sie ist schlagfertig, manchmal frech und selten sprachlos. Aber ich habe es geschafft. Nach einem tollen Gespräch mit ihr über die FettWegShow sprach sie mich an, wie es denn nun weitergeht. Gewicht halten? Weiter abnehmen? Oder wird der Bingo-Bär wieder rund und dick? Ich sagte ihr, dass ich bald in die Talkshow wieder komme und dann ihr Kostüm anziehe – denn das passt mir bis dahin vielleicht. Ein Riesenlacher im Publikum, aber Eva Herman war kurz sprachlos.

Melanie Anschütz: Meine Kollegin von „Bingo!" ist eine der schönsten Frauen Deutschlands und perfekt in Form. Allerdings ist das auch bei ihr nicht gottgegeben, auch sie macht Sport und Yoga – und ab und an fastet sie. Wir beide haben immer eine lustige Flachserei: Wenn ich weiter abnehme, habe ich irgendwann so viel abgenommen, wie Melanie wiegt.

Carlo von Tiedemann: Er war meine verlorene Wette in der FettWegShow. Wenn ich meine 25 Kilo nicht schaffe, so die Drohung, übernimmt Kultmoderator Carlo von Tiedemann für eine Woche die „Bingo!"-Show. Carlo kenne ich seit vielen Jahren und eine unserer bemerkenswertesten Begegnungen geschah in der „Aktuellen Schaubude" auf Sommertour in Peine. Auf dem Marktplatz koche ich für ihn und die Zuschauer „Blutwursttorte". Jetzt ist Carlo erstaunt, dass ich tatsächlich abnehme. „Thürnau ohne Torte? Unglaublich!", meinte er öfter.

Monika Walden: Meine Co-Moderatorin bei „Bingo!" brachte es irgendwann auf den Punkt: „Früher sind wir nach Bingo öfter mal essen gegangen. Jetzt hast Du nie Zeit." Stimmt. Und wenn wir heute essen gehen, verhalte ich mich anders als früher. War ich vor meiner Ernährungsumstellung derjenige, der immer am liebsten alles bestellte, bin ich heute tapfer. Dafür ist die modebewusste Moni froh, dass mir viele der alten Anzüge heute wieder passen.

Roberto Blanco: Der Sänger und Entertainer ist eine Frohnatur und auch nicht frei von Figursorgen. Wir trafen uns im Sommer vor der FettWegShow zu einer Musikshow am Timmendorfer Strand. Roberto und ich tranken Mojito in der Sendung und schlemmten nebenan im Hotel. Als wir uns im Studio der FettWegShow wiedertrafen, war alles anders. Roberto hatte durch Sport kräftig abgenommen und ich war auch schon 20 Kilo leichter.

… wenn ich auf das Ende sehe! Wie es sich als schlankerer Mensch lebt

Nach der 1. Staffel der FettWegShow habe ich weiter Sport gemacht, weiter vernünftig gegessen und nun insgesamt mehr als 30 Kilo abgenommen. Da stellen sich auch dem kritischen Zuschauer einige Fragen. Zum Beispiel: Lohnt sich die Mühe? Hat sich das Leben verändert? Wie lebt es sich denn nun schlanker?

Die erste Veränderung ist ganz profan: Hosen, Hemden und Jacken, die jahrelang im Schrank hingen, passen wieder. Es ist ein schönes Gefühl, wenn der Hemdkragen plötzlich Platz hat. Viele Menschen haben Lieblingsstücke im Schrank hängen, die ihnen seit Jahren nicht mehr gepasst haben. Bei mir waren das zum Beispiel ein schwarzes Kaschmirhemd von der Insel Mauritius und ein weißes Leinenhemd – beide wunderschön zu tragen, edel im Stoff und leider zu klein geworden. Eines Tages während der FettWegShow fasste ich den Mut und probierte sie. Ein stolzer Moment für einen Dicken, wenn die Sachen wieder passen.

Schnell habe ich auch gespürt, dass ich weniger Gewicht durch die Gegend trage. Zunächst verändert sich der Gang, weil die Oberschenkel näher aneinander sind. Dann spürt man ein leichteres Gefühl beim Gehen und Treppensteigen. Auch der Schlaf verändert sich: Wer abends mäßig isst, schläft tiefer.

Ich selbst hatte auch vor meiner Gewichtsabnahme keine gesundheitlichen Probleme. „Das Einzige, was sie haben, ist erhebliches Übergewicht“, hatte mein Arzt gesagt. Aber natürlich verringert sich das Gesundheitsrisiko erheblich, wenn der Körper über 30 Kilo weniger wiegt. Das Herz muss zum Beispiel weniger pumpen, der Stoffwechsel wird entlastet, die Leber hat weniger Schwerstarbeit zu leisten. Abnehmen ist also eine Investition in die gesundheitliche Zukunft.

Es verändert sich aber auch innerlich ein wenig, wenn ein Dicker dünner wird. Als ich während der FettWegShow die ersten Kilos abgenommen hatte, traute ich mich im Hallenbad auf den 5-Meter-Sprungturm. Wenn man merkt, dass sich der Körper verändert, werden auch ungeahnte Dinge im Kopf frei.

Die Top 10 der Krankheiten durch Übergewicht

- Arthritis
- Bluthochdruck
- Diabetes
- Rückenschäden und Knieprobleme
- Orangenhaut und Schwangerschaftsstreifen
- Kurzatmigkeit
- Verengung der Herzkranzgefäße
- Hämorriden
- Erektionsprobleme
- Schlafschwierigkeiten

…der werfe den ersten Stein – Meine Sünden während der FettWegShow

Mir geht es wie einem Marathonläufer nach 42 Kilometern oder einem Bergsteiger nach dem Erklimmen einer Steilwand: In der Erinnerung verblassen die Anstrengungen und eigene Taten erstrahlen im hellen Licht. Vergessen alles, was einen quält, vergessen Hunger und Erschöpfung. Gab es also keine Sünden während der FettWegShow? Natürlich gab es die. Zwei davon sind sogar im Fernsehen dokumentiert. In der Show gab es die so genannte „Petz-Line". Wer mich beim verbotenen Naschen erwischte und fotografierte, bekam für sein Beweisfoto Bargeld.

Sünde Nummer 1 passierte beim Walken in Hannover. Ich machte eine kleine Pause, als mich eine junge Frau mit Mutter und Kind ansprach. Sie hatte die Show im Fernsehen verfolgt und erzählte, wie lustig sie es fand. Beim Reden fütterte ich mit ihr zusammen Enten. Und völlig in Gedanken wanderte nicht alles Weißbrot zu den Enten im Teich, sondern etwas davon auch in meinem Mund. Das ließ sich ein Spaziergänger nicht nehmen und filmte die Szene mit seiner Handykamera. Die moderne Technik hat nicht nur gute Seiten …

Sünde Nummer 2 ist noch lustiger – nicht für mich, aber für die

Zuschauer. Ich hatte mein Wochenziel erreicht, war stolz auf mich und hungrig. Die Lösung für mein Problem lag leuchtend vor mir: eine Filiale von Mc Donald's. Am Autoschalter bestellte ich einen Salat mit Putenbrust, und dann überkam mich der Heißhunger. „Einen Big Mäc bitte", hörte ich mich selbst sagen. Die junge Dame am Schalter lächelte mich die ganze Zeit freundlich an, zwinkerte mir zu und war ganz offensichtlich amüsiert. Warum, das erfuhr ich in der nächsten Folge der FettWegShow. Meine Bestellung war von der Überwachungskamera gefilmt worden – und so sah mich ganz Norddeutschland in der nächsten FettWegShow bei der Bestellung einer Kalorienbombe. Ausreden waren vergeblich.

Wo ich gerade so schön bei den Geständnissen bin: Es gab auch noch ein paar Sünden, bei denen mich keine Kamera erwischte und kein Fotoapparat.

An einem Abend im Hamburg saß ich im „Cuneo", einem wunderbaren, italienischen Restaurant mitten auf der Reeperbahn. Brav mümmelte ich Salat, verkniff mir Pasta und Panna Cotta, Pizza und Pistazien. Und wurde dann doch schwach, als es einen Grappa gab. Das ist ja das Tückische: Wenn man erst einen getrunken hat, ist man auch beim zweiten schwach, hat keine Bedenken mehr vor dem dritten – und danach ist es sowieso egal.

An einer Tankstelle auf der Fahrt ins Ruhrgebiet suchte ich etwas Gutes, Kalorienarmes zum Essen. Und suchte. Und suchte. Dann bestellte ich das, was mein Heißhunger für das Beste hielt: eine Bockwurst mit Senf. Da es keine Pappteller gab, servierte der Tankwart die Wurst im Brötchen. Was hätten Sie gemacht? Sehen sie, ich tat das Gleiche.

Zum Ende der FettWegShow war ich in einem Café verabredet. Das stellte sich aber rasch als Eiscafé heraus. Beim Gespräch kämpfte ich zwei Stunden mit Wasser und Kaffee gegen die Lust auf Spaghetti-Eis, bevor ich entnervt von der eigenen Gier den Kampf aufgab und eine große Portion bestellte.

Ob ich da jetzt ein schlechtes Gewissen habe? Nein. Denn das ist das eigentliche Verdienst meines Coaches und der FettWegShow: Ich weiß, wann ich sündige. Eis essen, einen Burger bestellen, eine Bockwurst an der Tankstelle – das sind jetzt Sünden. Früher war es die Regel. Was ich heute als Ausnahme esse, war früher die Grundlage meiner Ernährung. Ein Glück, dass das jetzt anders ist. Für mich ein Grund, ein wenig stolz zu sein.

7 ungeliebte Diätwahrheiten

- Wer abnehmen will, muss sich bewegen
- Ohne einen Verzicht auf Essen wird man nicht schlanker
- Es gibt kein Wunderpulver, dass einen automatisch abnehmen lässt
- Es gibt keinen Tag, an dem die Diät endet
- Wer in alte Gewohnheiten zurückfällt, nimmt wieder zu
- Wer mit dem Rauchen beginnt, wird nicht schlank
- Gene sind nicht allein verantwortlich für Gewichtszunahme

Teil IV

Mein Fett-Weg-ABC

Thürnaus FettWeg-ABC

Abendessen
Leider die letzte Mahlzeit des Tages. Sie sollte nicht zu spät sein, möglichst bis 18 Uhr.

Alkohol
Alkohol ist Zucker in anderer Form. Bei der FettWegMethode habe ich auf Alkohol völlig verzichtet, es sind nur tote Kalorien. Außerdem regt Alkohol den Appetit an – und das konnte ich nun wirklich nicht gebrauchen.

Apfel
Gesunder Snack für zwischendurch. Übrigens ist Apfel nicht gleich Apfel. Wer unterschiedliche Äpfel kauft, schmeckt nach einiger Zeit die Unterschiede.

Beilagen
Unverzichtbar beim Essen – aber nur, wenn es sich um Salat oder Gemüse handelt. Auf alle anderen Beilagen wie Brot, Nudeln, Reis und Kartoffeln habe ich verzichtet.

Bewegung
Ohne geht es nicht beim Abnehmen. Glauben Sie mir: Nach einiger Zeit macht die Bewegung sogar Spaß.

Blutzuckerspiegel
Ist er zu hoch, gibt es Heißhunger-Attacken. Mit zu hohem Blutzuckerspiegel nimmt niemand ab – darum habe ich zum Abnehmen auf Zucker und Kohlenhydrate verzichtet.

Brot
Jahrelang eines meiner liebsten Nahrungsmittel. Faustregel: Je weißer das Mehl, desto schlechter zum Abnehmen. Ab und zu Vollkornbrot oder Pumpernickel ist erlaubt.

Croissants
Zweifellos lecker – aber ein Albtraum zum Abnehmen. Jahrelang habe ich sie zum Frühstück gegessen. Die Kombination aus Fett und Mehl macht Abnehmen unmöglich.

Diät
Eine Diät hat einen Nachteil: Sie ist irgendwann zu Ende. Wer danach wieder ins das alte Verhalten zurückfällt, nimmt wieder zu. Darum ist die FettWeg-Methode auch keine Diät, sondern eine dauerhafte Lebensumstellung.

Dickmacher
Chips, Croissants, Hamburger, Pizza, Pfannkuchen, Mettbrötchen, Schweinshaxe mit Knödeln,

Eiweiß
Wer abnehmen will, muss genug Eiweiß zu sich nehmen: Fisch, Magerquark, Käse, mageres Fleisch.

Essplan
Wer planlos isst, isst meist zuviel. Darum kann es helfen, nach einem Essplan zu leben: Wann esse ich, wo esse ich, was esse ich – und was esse ich nicht.

Fahrrad
Tolles Fitnessgerät, denn hier kann man sich gelenkschonend bewegen. Wer viele Kilos auf die Waage bringt, muss beim Kauf mehr Geld für ein stabiles Fahrrad ausgeben.

Fette
Stecken auch dort, wo man sie nicht vermutet, deshalb immer auf den Fettanteil schauen. Besonders gefährlich sind sie in Verbindung mit Kohlenhydraten – also zum Beispiel Nudeln mit Sahnesauce oder fettes Fleisch mit Knödeln.

Frühstück
Wer üppig frühstückt, nimmt schon am morgen zu viele Kalorien zu sich. Mein Frühstück zum Abnehmen: Obst mit fettarmen Quark oder Joghurt, dazu Wasser und Espresso.

Gemüse
So lecker, wenn es richtig gemacht wird. Gemüse gedünstet und möglichst vielfältig – ein gesunder Genuss. Wenig Kalorien und viel Volumen!

Gene
Beliebte Ausrede für dicke Menschen. „Schuld sind meine Gene" ist aber meist nur eine Entschuldigung für eigenes Fehlverhalten.

Hamburger
Zu fett, zu viele Kalorien und mit Kohlenhydraten. Die Alternative: Mein FettWeg-Hamburger mit dem man auch beim abnehmen essen kann (S. 28).

Hotel
Auch unterwegs habe ich mich gesund ernähren können. Wenn ein Steak auf der Karte steht, bestelle ich es mit Salat oder Gemüse und lasse Sauce, Kartoffeln und Kräuterbutter weg

Idealgewicht
Wer nur auf das guckt, was andere als angebliches Idealmaß vorschreiben, wird stets unzufrieden sein. Wichtig für Dicke: Abnehmen und wohlfühlen. Es muss nicht das Idealgewicht erreicht werden, aber jedes Kilo weniger zählt.

Jogging
Ideal für die Fitness – aber ich war zu schwer dafür. Gelenkschonender ist Walking. Viele beginnen mit dem Joggen, wenn sie durch walken schon viel Gewicht verloren haben.

Jo-Jo-Effekt
Gefahr nach jeder Diät: Man lebt wieder wie früher und nimmt wieder zu. Statt Diät lieber: Schlechte Gewohnheiten ablegen, gute Gewohnheiten annehmen.

Kalorien
Die Faustregel ist einfach: Wer mehr Kalorien zu sich nimmt, als er braucht, nimmt zu. Trotzdem habe ich nie die Kalorien gezählt, denn Leben ist für mich keine Rechenaufgabe.

Kohlenhydrate
Feinde für die Gewichtsabnahme. Was der Körper braucht, nimmt er auch durch Gemüse zu sich. Auf Kohlenhydrate in Form von Kartoffeln, Zucker, Mehl und Reis habe ich verzichtet.

Lebensenergie
Diese Erfahrung kam schon nach den ersten verlorenen Pfunden: Weniger Gewicht heißt auch mehr Lebensenergie. Mit weniger Gewicht schläft man besser, fühlt sich besser und hat mehr Energie und Kraft.

Luft
Beim Walken, beim Sport, beim Spazieren gehen: Wer tiefer atmet, bekommt mehr Luft in die Lungen, und das ist ein tolles Gefühl.

Mineralwasser
Ein Lebenselixier und unbedingt nötig für den Gewichtsverlust. Mineralwasser hat keine Kalorien, füllt den Magen, schwemmt Giftstoffe aus.

Müdigkeit
Oft ist das Übergewicht schuld, wenn man sich schnell müde fühlt. Mit dem Abnehmen kommt plötzlich eine neue Frische in das Leben: Mehr Power, mehr Energie!

Muskeln
Durch Training bilden sich plötzlich wieder Muskeln. Das ist ein guter Effekt, denn Muskeln sind nötig, um das überflüssige Körperfett zu verbrennen.

Nachtruhe
Wer abnimmt, muss ausreichend schlafen. Forscher haben festgestellt, das Menschen mit zu wenig Schlaf dicker sind als Langschläfer. Und außerdem: Wer schläft, kann nicht essen!

Normalgewicht
Was ist schon normal? Aber sicher ist: Wer im Laden nichts mehr von der Stange kaufen kann, ist weit davon entfernt. Tief im Inneren spürt jeder, wenn er nicht sein Normalgewicht hat.

Obst
So lecker, so gesund. Mit Obst bekämpfe ich den Hunger. Und es wird nie langweilig, denn es gibt mehr Obstsorten als Gerichte im Schnellimbiss.

Positive Lebenseinstellung
Gedanken allein machen nicht schlank – aber ohne eine positive Einstellung wird es nichts mit dem Abnehmen. „Ja, ich werde es schaffen", diesen Satz muss man sich täglich sagen. In jedem Dicken steckt ein schlanker Körper, man muss ihn nur rausholen.

Pralinen
Eine pro Tag ist erlaubt. Gerade als Betthupferl sind Pralinen aus Schokolade mit möglichst hohem Kakaoanteil gut. Mein Tipp: Eine Praline in hauchdünne Scheiben schneiden. Bei mir heisst das „Pralinen-Carpaccio".

Quark
Gesund und lecker, denn Quark enthält viel Eiweiss. Um Kalorien zu sparen, greife ich zum Magerquark. Mit Tomaten als herzhafte Mahlzeit, mit Obst als Dessert und als Sahne auf den Erdbeeren ist er ideal zum Abspecken.

Restaurant
Essen gehen gehört zum Leben. Vorsicht vor den Brotkörben auf dem Tisch. Wer vor dem Essen schon Weißbrot isst, tappt in die Kohlenhydratfalle. Auch im Restaurant kann m an sich vernünftig ernähren, wenn man auf fette Saucen, Nachtisch und Beilagen verzichtet.

Salat
Klingt langweilig, und ist dann irgendwann die Hauptmahlzeit beim Abnehmen. Salat macht satt, allerdings esse ich ihn immer ohne Brot und ohne Sahne-Dressing. Mit wenig Öl und viel Essig und immer frisch ist er richtig lecker. Ein Stück Geflügel oder gegrillter Fisch oder mageres Fleisch machen aus Salat eine vollwertige Hauptmahlzeit die wirklich lecker sein kann. Probieren Sie es einfach mal aus!

Sauerstoff
Ohne Sauerstoff nimmt der Körper nicht ab, denn die Fettzellen werden nur verbrannt, wenn genug Sauerstoff vorhanden ist. Darum darf man beim Sport nicht außer Atem kommen.

Schwimmen
Idealer Sport für Übergewichtige. Beim Schwimmen werden alle Muskeln bewegt, aber die Gelenke geschont.

Schwitzen
Sauna macht nicht schlank, aber das Schwitzen hilft dem Geist. Übrigens: Als schlankerer Mensch schwitzt man weniger.

Spaziergang
Ideal am Abend, um vor dem Schlafen gehen den Stoffwechsel noch einmal in Schwung zu bringen. Zum Abnehmen habe ich viele Dinge zu Fuß erledigt zum Beispiel Zeitung holen oder einkaufen.

Tabak
Beliebte Ausrede, wenn man zugenommen hat: „Ich habe aufgehört zu rauchen". Tabak hat mindestens genauso viele schädliche Auswirkungen wie Übergewicht.

Tiefkühlkost
Fertiggerichte sind oft zu kalorienhaltig und voller Geschmacksverstärker. Aber: Gemüse aus der Kühltruhe als Mahlzeit ist besser als eine

frische Currywurst oder Pommes im Imbiß.

Übergewicht
Eine schwere Definition, denn man kann kaum eine Kilozahl festlegen, ab der das Übergewicht beginnt. Eine optische Faustregel: Wenn der Bauch sich wölbt, wenn das Gesicht seine Konturen verliert, wenn das Gewicht nicht schwankt, sondern nur nach oben geht, dann ist es Übergewicht.

Vitamine
Die braucht der Körper, um gesund zu bleiben. Wer abnimmt und dabei viele Giftstoffe aus dem Fettzellen in den Körper bekommt, muss unter Umständen zusätzliche Vitamine zu sich nehmen. Den Arzt fragen!

Walking
Ob man nun herkömmlich wandert, neudeutsch walkt oder mit Stöcken „Nordic Walking“ betreibt – Hauptsache man bewegt sich. Allerdings ist Nordic Walking keine Mode, sondern sinnvolle Weiterentwicklung. Durch den Stockeinsatz wird der gesamte Körper bewegt – ideal zum Abnehmen.

XXL
Für Übergewichtige hat diese Abkürzung für „extragroß“ doppelte Bedeutung: Bei der Kleidung gibt inzwischen Größen bis 10 XL. Im Restaurant bieten die Karten „Hamburger XXL“-Menüs. Wer das bestellt, isst zuviel und gerät in die Kalorienfalle. Unbedingt vermeiden!

Ypsilon-Chromosom
Macht den Unterschied zwischen Mann und Frau. Überhaupt haben Männer und Frauen andere Problemzonen, aber trotzdem haben beide die Möglichkeit, Gewicht zu verlieren. Nur in seltenen Fällen sind die Gene Schuld am Übergewicht.

Zitronen
Frisch gepresst bringt Zitronensaft Geschmack ins Mineralwasser. Zitronen liefern auch Vitamin C, was bekanntermaßen gesund ist.Ausserdem sind Zitronen schön sauer, und schon jedes Kind weiß: Sauer macht lustig!

Zucker
Lecker, aber ein Dickmacher. Viele Mahlzeiten sind zu süß, dabei schmeckt es auch weniger süß. Auf Zucker habe ich zum Abnehmen fast völlig verzichtet.

Die richtige Ernährung

Glyx und Low Carb

In mehr oder weniger seriösen Medien werden wir nahezu täglich mit den Diätvorstellungen konfrontiert, die wahre Wunder bewirken sollen. Die gewaltige Gewichtsreduktion durchs Nichtstun! Und immer wieder verfallen etliche diesen verlogenen Wahnvorstellungen.

Ohne Arzt kein Abnehmen: Dr. Jan Liffers aus Ebstorf bei der Arbeit

Seien wir uns doch endlich bewusst, dass es ohne physische und mentale Disziplin nicht geht. Das Wort Disziplin darf und soll Sie nicht abschrecken, denn wir befolgen die freudige Disziplin. Ohne gute Laune, Frohsinn, Fröhlichkeit und positives Denken geht gar nichts. Wir wollen und sollen unser Leben genießen, gesund genießen. Zunächst einmal ist es wichtig, das Hungergefühl zu drosseln.

Und hier kommen wir zu Glyx und Low Carb. Fachliche Begriffe, die nahezu identisch sind. Glyx gleich glykämischer Index.

Eine Reduktion der Kalorien ist nahezu nicht notwendig. Glyx heißt, so wenig wie möglich. Kohlenhydrate bewirken eine geringere Insulinausschüttung, wobei zu berücksichtigen ist, dass die „mehrfachen" Kohlenhydrate äußerst wertvoll und gesund sind Sie befinden sich in Obst, Gemüse und frischem Salat, im Stärkeanteil der Getreideprodukte und auch in Milch und Milchprodukten. Wohingegen Sie die einfachen Kohlenhydrate völlig vermeiden sollten, die sich überwiegend in Zucker und zuckerhaltigen Produkten befinden.

Der Glyx gibt in Zahlen die blutzuckersteigernde Wirkung der Kohlenhydrate aus Lebensmitteln an. Je mehr einfache

Kohlenhydrate aufgenommen werden, umso schneller steigt der Blutzucker, nahezu rasant an. Dieser benötigt wiederum viel Insulin, welches zu einer Unterzuckerung führt und ein starkes Hungergefühl auslöst. Außerdem erschwert ein hoher Insulinspiegel den Abbau von Körperfett. Der glykämische Index gilt nur für einzelne Nahrungsmittel, aber nicht für Kombinationen.

Low Carb bedeutet, schlank zu werden mit hochwertigem Eiweiß und den richtigen Kohlenhydraten (z.B. Obst, Gemüse, Salat). Man kann also sagen, dass eine geringe Insulinausschüttung aus der Bauchspeicheldrüse (Pankreas) eine Reduktion des Hungergefühls bewirkt.

Nicht nur die Gewichtsreduktion, sondern auch das daraus resultierende enorme Wohlbefinden begeistert uns mit dieser Ernährungsempfehlung. Wir geben unserem Körper und damit unserer Gesundheit enorm viel Gutes. Nicht nur die Fettdepots, sondern auch die Ablagerungen an unseren Gefäßwänden werden reduziert, somit die Durchblutung erheblich verbessert. Wenig einfache Kohlenhydrate, mehr Obst, Gemüse, Fisch, Meeresfrüchte und Eiweiß beschleunigen die Verbrennung, den Stoffwechsel und somit die Fettverdauung.

Wer einen gewaltigen Hunger mehrmals mit einem Apfel, der ihm vorher gar nicht behagte, stillt, wird feststellen, welch ein Genuss dies sein kann. Die Umstellung ist wichtig und sie gelingt erfahrungsgemäß in zwei Wochen.

Wer sollte das nicht schaffen, zumal er vom ersten Tag eine Stärkung des Wohlbefindens freudig wahrnimmt. Bald stellt sich ein tolles Gefühl ein. Ganz wichtig, der niedrige Insulinspiegel nimmt die Müdigkeit und verbessert den Tiefschlaf.

Spaß beim Arzt: Dr. Liffers erklärt die Kaumuskulatur

Auch die Hormone freuen sich. Die Low-Carb-Ernährung verbessert den Hormonspiegel, damit die Fitness und den Sex. Also auch hervorragend bei Impotenz. Eine fette, so genannte „Winterkost" ist ausgesprochen schädlich und man macht es sich selbst enorm schwer, da dadurch wieder schnell ein starkes Hungergefühl entsteht, und der Körper schneller ermüdet und abschlafft. Wir benötigen vor allen Dingen Eiweiß, möglichst viel Obst, Gemüse und Salat. Hiermit führen wir unserem Körper auch genügend Vitamine und Mineralstoffe zu.

Die Ernähungsumstellung klappt in den meisten Fällen leider nicht von heute auf morgen, sodass in der ersten Zeit eine Zufuhr von zusätzlichen Vitaminen und Mineralstoffen empfehlenswert ist.

Haben wir nun etwa nach 14 Tagen die Nahrungsumstellung erreicht, beginnen wir einen regelrechten Weg ins Glücksgefühl, Fitness, Ausdauer und physische und psychische Stabilität.

Wir dürfen allerdings nie vergessen, genügend Flüssigkeit aufzunehmen. Es sollten mindestens drei Liter am Tag sein, wobei stilles Wasser und Tee bevorzugt werden sollen. Kohlensäurehaltiges Wasser bewirkt leicht, dass der Körper in eine Übersäuerungsphase gerät, was wiederum zu einem Einschnitt in unserem Säure-Basenhaushalt führt, worüber ich später noch berichten werde.

Über jedes Gramm Gewichtsreduktion freut sich unser Herz, damit die Gefäße, unsere Gelenke, unsere Abwehrkräfte, unsere Potenz und unser enormes Wohlbefinden. Ich erwähnte eben schon einmal den so hochgelobten gesunden Apfel. Wir kennen alle das Sprichwort: „One apple a day keeps the doctor away." Jedoch Apfel ist nicht gleich Apfel.

Kanadische Agrarwissenschaftler ermittelten, dass „Red Delicious“ die höchste antioxidative (Radikalenfänger-) Wirkung aufweisen. Sie neutralisieren reaktive Moleküle sechsmal so gut wie „Empire“, die in dieser Hinsicht schlechtesten der acht untersuchten Sorten. Auf den Plätzen 2 und 3 liegen „Ida Red“ und „Cortland“. (Quelle: New Scientist 2005)

Verzichten Sie weitestgehend auf Brot, Kartoffeln und Reis, da durch die Kohlenhydrate dieser Nahrungsmittel das Insulin geradezu gelockt wird. Eine Unterzuckerung entsteht; und wieder wird ein Hungergefühl hervorgerufen.

Fleisch ist äußerst gesund, sollte aber nicht jeden Tag auf den Tisch kommen. Zweimal wöchentlich ist völlig ausreichend. Ich möchte Ihnen die Reihenfolge der Fleischsorten hinsichtlich ihrer Wertigkeit nennen:

Es sind:

- Wild
- Geflügel
- Lamm
- Kalb
- Rind
- Schwein

Wenn wir von Wild in Richtung Schwein gehen, so gehen wir von einem gesunden basischen Bereich in einen stark sauren Bereich, beziehungsweise von einem Radikalenfängerbereich in einen Radikalenbereich. Das sind Begriffe, die ich Ihnen an anderer Stelle näher erklären werde.

Womit sollen wir denn nun unseren Bedarf an den anderen Tagen decken? Stellen Sie sich um auf Fisch und insbesondere auf Meeresfisch. Lachs, Hering, Makrele sind äußerst gesund, da sich in den fetten Ölen dieser Fische zwei äußerst wertvolle Säuren befinden, einmal die Eicosapentaensäure und die Dexosahexaensäure, beides Säuren, die ganz stark in den basischen Bereich tendieren. Hier dürfen Sie sich nicht durch das Wort Säure irritieren lassen.

Mediterrane Kost

Wenn ich über Fisch schreibe, fällt uns der Weg in eine mediterrane Ernährung leicht. Es ist nachgewiesen, dass Menschen, die sich weitestgehend mediterran ernähren, weniger an den Folgen eines Herzinfarktes, Schlaganfalls, Krebs, Entzündungen jeder Art und insgesamt an Durchblutungsstörungen leiden.

Warum? Bedingt durch die eben genannten Säuren, Omega-3-Fettsäuren, bringen wir unseren Körper in einen gesunden basischen Bereich, der uns vor oben genannten Erkrankungen schützt. Zur mediterranen Kost gehören unbedingt kaltgepresste Öle. Wobei an erster Stelle sicherlich das wertvolle kaltgepresste Olivenöl zu nennen ist. Salat, mit kaltgepressten Ölen angemacht, zu einem Fisch, ist eine Köstlichkeit und gesund, dazu noch viel Gemüse und als Nachtisch Obst, so viel Sie wollen, und Sie fühlen sich beschwingt und leicht. Den köstlichen knackigen Salat sollten Sie immer vor einer Hauptmahlzeit zu sich nehmen, da dadurch schon einmal die Magen-Darm-Peristaltik (Beweglichkeit) angeregt wird und somit der Stoffwechsel und die Verbrennung beschleunigt werden. Außerdem füllt sich der Magen, sodass man sich nicht mehr mit einem derartigen Heißhunger auf die zu genießende Hauptmahlzeit stürzt. Wenn wir von Heißhunger sprechen, so ist es ganz wichtig, zu betonen, dass das Kauverhalten dringend geändert werden muss. Denn erst durch richtiges und vernünftiges, eingehendes Kauen werden wir zum Genießer. Außerdem werden wir schnell merken, dass dadurch der Hunger schneller gestillt wird.

Plausch über Mittelmeerküche: ich und TV-Moderatorin Christine Mühlenhof

Zusammenfassend: Wir sollten jeden Bissen ca. 30-mal kauen, probieren Sie es aus, es ist gar nicht so viel.

Ich glaube, Ihnen jetzt erklären zu müssen, was die Begriffe sauer, basisch, Radikale, Radikalenfänger bedeuten. Wir sollten immer bestrebt sein, zum basischen Bereich zu tendieren. Der basische Bereich ist gleichzeitig auch der Radikalenfängerbereich. Was sind Radikale? Es handelt sich dabei um biochemische Substanzen, die auf zweifache Weise in den Körper gelangen. Sie fallen einmal ständig im Organismus selber an. Bei vielen Prozessen innerhalb der Zellen entstehen sie, wenn Sauerstoff unvollständig verbrannt wird. Außerdem kommen sie von außen in den Körper, beispielsweise durch Zigarettenrauch, durch ultraviolette Strahlung des Sonnenlichts, durch giftige Rückstände aus Nahrungsmitteln, auch durch natürliche radioaktive Strahlung, durch manche Arzneimittel und so weiter. Chemisch handelt es sich bei den freien Radikalen um Atome, die durch ein Zuviel oder Zuwenig an einem Elektron „radikalisiert“ sind und danach streben, diesen Zustand im Organismus auszugleichen. Dazu gehen sie Verbindungen mit Molekülen der Zellen ein. So aber werden diese Zellen verändert und zerstört; ein Prozess, der in jeder Sekunde tausendfach abläuft, den wir aber durch eine gesunde, in diesem Fall mediterrane Kost auch zum Teil abfangen können.

Eine Veränderung der Zelle kann zu einer Krebserkrankung, zu Entzündungen, zu Gefäßablagerungen und zur Schwächung des Immunsystems führen. Somit sind freie Radikale giftige, schädliche Substanzen, die im Körper entstehen oder von außen eindringen.

Um sein Gewicht noch intensiver zu reduzieren, empfehle ich das Dinner-Cancelling, was nichts anders bedeutet, als nach 16 Uhr

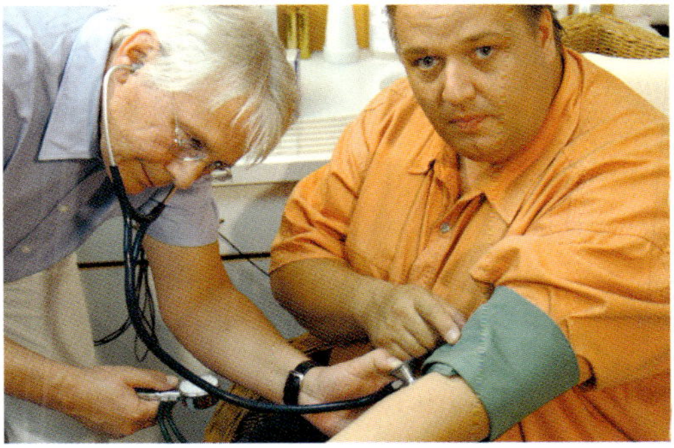

Regelmäßige Untersuchungen beim Abnehmen - auch Blutdruck messen gehört dazu

nicht mehr zu essen. Es kommt nämlich in erster Linie darauf an, vor dem morgendlichen Aufstehen mehr als 14 Stunden keine feste Nahrung aufzunehmen. Nach 16 Uhr sind dann nur noch kalorien- und alkoholfreie Getränke wie Wasser oder Kräutertee erlaubt. Denn viel Trinken hilft Schadstoffe aus dem Körper zu eliminieren, nicht nur für die Gewichtsreduktion, sondern auch eine Gewähr im Alter fit und jugendlich zu bleiben (Good Aging). Auch hierdurch erzielt man eine Steigerung der körpereigenen Hormonproduktion, sodass eine zusätzliche Zufuhr dieser Stoffe nicht erforderlich ist.

Hinzu kommt, dass gerade am Abend vermehrt Lebensmittel aufgenommen werden, wie zum Beispiel Chips, Bier, Wein und Süßigkeiten, die den Körper und Organismus belasten und das Gewicht anheben, denn eine der größten Bedrohungen für die Gesundheit ist und bleibt die Überernährung.

Ein gemeinsames Abendessen mit der Familie, mit Freunden oder Geschäftspartnern gehört zum sozialen Miteinander. Darauf sollten wir also während der Phase einer Gewichtsreduktion verzichten oder zumindest das Dinner-Cancelling zwei- bis dreimal in der Woche betreiben. Dinner-Cancelling ist eine verschärfte Variante der alten Regel: „Iss morgens wie ein Kaiser, mittags wie ein König und abends wie ein Bettelmann.“ Die Chinesen sagen: „Das Abendessen überlasse deinen Feinden.“

Was bewirkt Dinner-Cancelling?

Dinner-Cancelling regt die nächtliche Produktion der Hormone Somatropin und Melatonin an. Diese Hormone haben die Fähigkeit, die biologischen Alterungsprozesse zu verlangsamen. Das Hormon Somatropin hilft beim Aufbau der Muskelmasse und baut

Fettgewebe ab, ebenso stimuliert Somatropin das Immunsystem und verbessert das Gedächtnis. Zusätzlich strafft es die Haut und das Bindegewebe, fördert den Schlaf, da es vor allem in der Nacht freigesetzt wird.

Melatonin regelt den Schlaf- und Wachrhythmus. Melatonin senkt nachts die Körpertemperatur, die Zellteilung ist verlangsamt und der Organismus arbeitet gewissermaßen auf Sparflamme, wodurch der Alterungsprozess gebremst wird. Somatropin und Melatonin werden besonders stark in jungen Jahren vom Körper produziert. Mit zunehmendem Alter sinkt die Ausschüttung. Durch Dinner-Cancelling wird die Produktion dieser Hormone weiter angeregt. Wenn wir unser „Wohlfühlgewicht" erreicht haben, streben wir ein Älterwerden mit Qualität an, das heißt „gesund altern". Die Worte Anti-Aging sind schon biologisch betrachtet nicht wissenschaftlich, da die Alterung schon mit Befruchtung der Eizelle stattfindet und außer durch den Tod nicht aufgehalten werden kann. Früher wurde das „Good Aging" als besonderes Altern oder Wohlfühlaltern von Medizinern insbesondere mit einer hormonellen Substitutionstherapie in Verbindung gebracht. Dann fand man heraus, dass man einen Good-Aging-Effekt auch durch ernährungsmedizinische Maßnahmen erreichen kann. Hierzu gehören die Vermeidung von Übergewicht als sehr wichtige oder die wichtigste Good-Aging-Maßnahme überhaupt und eine optimale Versorgung mit allen lebenswichtigen Nahrungsinhaltsstoffen. Da die medikamentöse Zufuhr von Wachstumshormonen wie auch anderen Hormonen nicht unumstritten ist, bedeutet das Dinner-Cancelling aus medizinischer Sicht sicherlich eine gute Methode, die Produktion des Wachstumshormons auf natürliche Weise zu steigern und gleichzeitig die Kalorienzufuhr zu beschränken. Gerade die Ernährung

Der Fachmann bei der Arbeit: Dr. Jan Liffers, Naturheilkundler aus Ebstorf in der Heide

ist ein Hauptpunkt für einen hohen Anteil sehr alter Menschen in den Regionen, wo überwiegend mediterrane Kost zu sich genommen wird. So ist es aus ernährungsmedizinischer Sicht durchaus sinnvoll, ein Dinner-Cancelling im Rahmen einer Good-Aging-Therapie mit ärztlicher Aufsicht und Verlaufskontrolle zu empfehlen. Durch Dinner-Cancelling ist es möglich, entscheidende zelluläre und endokrinologische Effekte zu erzielen.

Die schöne Zeit danach

Nun haben wir Glücklichen zusammen und mit Hilfe von Michael Thürnau unser Wohlfühlgewicht erreicht, somit ein starkes Wohlbefinden und eine große Lebensfreude.

Zusammen mit einer moderaten regelmäßigen sportlichen Aktivität können wir äußerst positiv in die Zukunft blicken. Auf eine moderate sportliche Aktivität werde ich an späterer Stelle noch näher eingehen.

Wir gehen freudiger und fröhlicher durch die Natur und nehmen Einzelheiten, an denen wir vorher arglos vorbeigingen, entschieden intensiver wahr.

Bedingt durch das hormonelle Gleichgewicht wird auch das Sexualleben wieder zur Freude. Denn ein aktives und gesundes Sexualleben gehört einfach zu unserer Lebensqualität.

Emotio und Ratio geraten ins Gleichgewicht. Denn wenn nur die Ratio oder nur die Emotio überwiegt, so stimmt etwas nicht. Nur durch das Gleichgewicht werden wir entschieden kreativer, selbstbewusster, gelassener und ruhiger.

Auch unser Nervensystem wird sich freudig bedanken, denn das so genannte vegetative Nervensystem erfährt eine besonders starke Lebensqualität.

Durch den hormonellen Einfluss stabilisiert sich die Psyche. Wetterabhängigkeit und Wetterfühligkeit wird es nicht mehr geben.

Was ist typisch? Wenn wir morgens erwachen, der Himmel ist blau, die Sonne scheint, so sind wir gut gelaunt, sobald aber der Meteorologe sagt, dass es morgen regnen werde, gerät unsere Laune wieder an einen Tiefpunkt. Diese Situation wird nicht mehr entstehen, denn unsere Psyche wird in jeder Situation stabil und positiv sein und bleiben.

Einkaufen – freudig - ohne Hunger

So wie man früher an der Frittenbude (Currywurst mit Pommes frites) beim Türken (Döner) und McDonald's vorbeiflitzte, um auf die Schnelle, ohne geringste Überlegung seinen Heißhunger zu stillen, genauso darf es nicht mehr mit dem Einkauf bzw. Vorbereitung der Speisen und Getränke sein.
Der Einkauf soll zu einem Erlebnis werden. Wir haben bisher schon sehr viel gelernt, wissen, was uns zuträglich ist und uns bekommt, was inhaltlich wertvoll ist und vor allen Dingen unser Gewicht reduziert und unsere Fitness erhöht.

Bitte füttern! Aber nur mit Obst und Gemüse

Der Zeitfaktor spielt keine Rolle, denn auch in ca. zehn Minuten lässt sich das Einkaufen einer gesunden und frischen Nahrung bewältigen.

Ein Erlebnis bedeutet immer Freude, Freude bedeutet eine Serotoninausschüttung, eine Serotoninausschüttung bedeutet eine stabile Psyche und eine positive Einstellung. Somit sind die besten Voraussetzungen für ein freudiges, gekonntes, durchdachtes und frohes Erlebnis geschaffen.

Es ist besonders wichtig, nichts zwischen Tür und Angel auf die Schnelle einzukaufen, sondern mit Bedacht und vor allen Dingen ohne Hunger. Wichtig ist es sicherlich auch, sich vorher eine Liste zu erstellen, von der man in keiner Form abweichen darf. Sollte es nicht zu vermeiden sein, die Gefahr nach Gefühl einzukaufen zu umgehen, so essen wir doch den gesunden, schon oft erwähnten Apfel, damit der Magen während unseres Einkaufs arbeiten kann. Dann gehen wir mit Freude an duftenden Backwaren, gebratenen Hähnchen und Bratwürsten und vor allen Dingen an Süßigkeiten vorbei, und wissen schon jetzt, wie froh wir später sind, es diesmal wieder geschafft zu haben, denn unser Selbstbewusstsein wird sich von Mal zu Mal steigern.

Wir freuen uns jetzt, nicht nur auf den Genuss der eingekauften Speisen, sondern ganz besonders auch auf ihre liebevolle Zubereitung. Denn es macht Spaß und ist nicht schwer, die Rezepte von Michael Thürnau zu befolgen.

Sollte der innere Schweinehund jedoch doch einmal gesiegt haben, so ist dies kein Grund in tiefste Trauer zu verfallen, sondern wir wissen ja genau, wie man diese „kleine Sünde“ wieder wettmacht. Michael Thürnau sei Dank!

Achten wir unbedingt bei jedem Einkauf auf das Gütesiegel biologisch. Es lässt sich in der heutigen Zeit leider nicht mehr vermeiden, täglich mit Giftstoffen in Kontakt zu kommen, meistens, ohne dass wir auch nur das Geringste davon wahrnehmen. Alles, was wir beispielsweise wegwerfen, wird irgendwann über den Kreislauf des Lebens in unseren Körper zurückkehren. Die Pflanzen nehmen die Giftstoffe auf. Wenn die Kühe die Weiden abgrasen, wandern die Gifte in das Fleisch und in die Milch und schon haben wir unseren Abfall zurückbekommen. Schwermetalle finden wir im Getreide, in der Butter, im Spinat, in der Karotte und auch im Schnitzel. Rückstände von Schädlingsbekämpfungsmitteln finden wir im Obst. Denn künstliche Düngestoffe werden von allen Pflanzen aufgenommen, so dass auch der Verzehr von Meeresfischen ein Gesundheitsrisiko darstellen kann.

Auch bei biologisch „einwandfreier“ Kost können wir nicht sicher sein, Giftstoffe zu uns zu nehmen. Aber Gott sei Dank hilft uns hier unser intaktes Immunsystem, welches wir dennoch durch unsere weitestgehend gesunde Ernähung und unsere tägliche moderate sportliche Aktivität stimulieren. Häufig gilt es für uns Ärzte, die Folgen einer falschen Ernähung wieder gut zu machen, sei es dadurch, dass sich eine Krankheit bereits manifestiert hat. Immer häufiger sprechen wir im medizinischen Alltag über Essen und Trinken, was die Bedeutung der guten Ernährung noch einmal unterstreicht.

Zurück zum Immunsystem, welches aus einzelnen Zentralen besteht, dem Knochenmark, der Thymusdrüse (die ihren Sitz hinter dem Brustbein hat), der Milz, dem Netz der Lymphgefäße und Lymphknoten, den Mandeln und besonders den lymphatischen Strukturen im Darm. Denn der Darm beinhaltet ca. 70 – 80 Prozent aller Immunzellen. Deswegen gilt es besonders, diesen sorgfältig zu pflegen, und hier kommen wir wieder zurück auf unser sorgfältiges und freudiges Einkaufen.

Denn folgendermaßen läuft das Immunsystem ab: Im Knochenmark werden (neben den roten Blutkörperchen, die andere Aufgaben haben) die weißen Blutkörperchen gebildet. Diese Blutzellen, die den Namen Lymphozyten haben, werden in den Dienst der Abwehr gestellt und erfahren ein spezielles Training. Bestimmte Lymphozyten werden zu Killerzellen ausgebildet, wobei der Name schon sagt, dass sie körperfremde Substanzen töten (killen). In der Milz werden die so genannten Makrophagen ausgebildet, was „Riesenfresser" bedeutet. Somit handelt es sich um „Fresszellen", die ebenfalls schädliche Eindringlinge beseitigen, wie zum Beispiel körpereigenes Gewebe, welches abgestorben ist.

Die Waffen, mit denen die Abwehrzellen arbeiten, sind die Enzyme. Enzyme sind Eiweißstoffe, die die Fähigkeit haben, körperfremde und schädliche Stoffe aufzulösen.

Um neben einer ausgewogenen und gesunden Ernährung unser Immunsystem zu stärken, werden wir gleich über Dinge sprechen, die wir auf natürliche Art und Weise zu uns nehmen sollten.

Aber seien wir doch einmal ganz ehrlich, unser Immunsystem hat sich schon sehr gut an geringe Mengen von Giftstoffen gewöhnt.

Aber gerade deshalb achten wir ja auf eine weitestmöglich unbelastete Nahrung.

Vielleicht passt auch hier das Zitat: „Nie aufhören anzufangen, nie anfangen aufzuhören."

Sport bei der FettWegShow: ich mit Coach und Katrin

Kleine Belohnungen

Mit einer Belohung durch eine Tafel Schokolade wollen wir erst gar nicht beginnen. Dies geschieht in Stresssituationen meist zwischendurch am Schreibtisch, da man meint, nicht die Zeit zu haben, eine andere Umgebung aufzusuchen, um dort genussvoll zu speisen.

Empfehlung: Platziere anstatt Schokolade lieber einen Joghurtbecher oder Obst, welches schon klein geschnitten sein sollte, griffbereit auf dem Schreibtisch.

Verbote sind falsch, sollte der Verzicht auf Schokolade doch so grausam schwer fallen, darf man die Menge limitieren. Man kauft Packungen mit wenig Inhalt und, ganz wichtig, man begrenzt die Vorratsmenge.

Man soll, darf und muss, meinetwegen auch einen Riegel Schokolade, ganz bewusst und das besonders in einer kurzen Pause genießen. Wir kauen die Schokolade nicht, sondern lassen sie im Mund zergehen und malen uns dabei in Gedanken ein schönes Bild.

Wie belohnt sich der Stress-Esser oder besser der-Dys-Stress-Esser? Beim Fast Food unbedingt am Fett sparen. Statt Gyros mit Brötchen oder Pommes frites, beispielsweise einen Döner mit weniger Fleisch und mehr Salat, mit Salatbeilage oder frischem Saft. Vor einer anstrengenden Tätigkeit sollte man sich unbedingt Zwischenmahlzeiten vorbereiten, die man notfalls auch im Auto zu sich nehmen kann, zum Beispiel Äpfel oder Möhren. Zur Not kann man auch Trockenobst oder in Ausnahmefällen Studentenfutter am Arbeitsplatz deponieren.

Nehmen Sie sich überall, wo auch immer Sie sind, etwas zum Trinken mit. Klares Wasser trinken wir reichlich, dann darf es auch mal eine Apfelsaftschorle sein.

Man sollte in unmittelbarer Nähe dafür sorgen, dass Früchtetee oder Apfelsaftschorle griffbereit sind.

Belohnungstipps

- 1 Apfel
- Apfelstückchen
- 1 Joghurt
- 1 Scheibe Käse
- 1 Apfelsaftschorle
- 1 Obstsalat
- 1 Espresso
- 3 Erdnüsse
- Gurkenscheiben
- Frischer Salat
- Eistee
- 1 kl. Port. Studentenfutter
- Himbeersaftschorle
- 1 Riegel Bitterschokolade
- 1 Scheibe Knäckebrot
- 1 Portion Weintrauben
- 1 großes Stück Melone
- portionierte Apfelsinenstücke
- 4 Oliven
- 1 Kiwi
- 1 Glas trockener Rotwein
- 1 Cappuccino
- 1 Portion Spargel
- 4 Knospen Brockoli
- 4 Knospen Blumenkohl
- 1 Scheibe Ananas
- 1 Mandarine
- 1 halber Vollkornriegel
- 4 trockene Feigen
- 1 kl. Dose Thunfisch in eigenem Saft

Stress, wo alles geordnet, ein Zeitplan eingehalten wird und die Gelassenheit obsiegt, ist gesund und stärkt unsere Abwehrkräfte, während der Dysstress (Dys gleich krank machend) in absolut chaotischen und ungeordneten Bahnen verläuft, unser vegetatives Nervensystem überstrapaziert und unser Immunsystem schwächt. Somit sprechen wir nicht von Stress, sondern „Dysstress". Reaktion auf Dysstress ist bei den meisten dieselbe: Sie essen. Die Mannheimer Psychotherapeutin Doris Wolf: „Wenn wir etwas als stressig erleben, wird der Körper in einen Alarmzustand versetzt, den wir als unangenehm empfinden – wir kauen dann, weil wir dadurch unsere Muskeln entspannen und die Stressreaktion abbauen."

Aber gerade dann haben wir das Bedürfnis, etwas Süßes oder Fettiges zu uns zu nehmen, in der Meinung, dass dies uns besonders gut tut. Gerade deshalb sollten wir unsere Belohnungen umfunktionieren. Für zwischendurch eignen sich beispielsweise Joghurt, frisches Obst und eine Apfelsaftschorle. Wird man tatsächlich unter Dysstress stehen, was wir unbedingt lernen sollten abzubauen, so ist bei den Hauptmahlzeiten unbedingt darauf zu achten, dass Fisch, Fleisch, Gemüse und Käse auf den Tisch kommen. Bei einer Fehlernährung ist den meisten Menschen bewusst, dass sie sich nichts Gutes tun, wenn sie bei Dysstress ungesund essen, können sie das aber im entscheidenden Augenblick nicht steuern.

Aber wir haben ja gelernt, uns über das eigene Essverhalten klar zu sein. Wer Wut und Frust im wahrsten Sinne des Wortes in sich hineinfrisst, für den heißt die Zauberformel „flexible Kontrolle" Denn da wir ja den richtigen Weg gefunden haben, sind wir in der Lage, uns mit dem Richtigen (Wertvollen) zu belohnen.

Ingesamt gesehen, es sind die kleinen Portionen, die uns belohnen sollen.

Dass alles sehr gut gekaut werden soll, wissen wir.
Gut gekaut ist halb verdaut!
Gut gekaut ist gut gelaunt!

Betonen möchte ich an dieser Stelle, uns nicht durch Light-Produkte und Süßstoff verführen zu lassen. Nach neuesten Erkenntnissen ist erwiesen, dass Süßstoff im Körper zu Formaldehyd, einem äußerst giftigen Stoff, der zu Krebs führen kann, umgewandelt wird.

Betthupferl

Von 24 bis 9 Uhr lässt die Fibrinolyse-Aktivität unseres Blutes kontinuierlich nach, dass heißt, von 24 bis 9 Uhr nimmt die Gerinnbarkeit unseres Blutes kontinuierlich zu, sodass wir gerade in den frühen Morgenstunden Infarkt und Schlaganfall gefährdet sind, da sich da leichter Blutgerinnsel in den Gefäßen absetzen können und diese mit den Folgen der eben genannten Krankheiten verstopfen.

Diese Gefahr heben wir zumindest etwas auf, indem wir abends ein Betthupferl zu uns nehmen. Wie soll nun so ein Betthupferl beschaffen sein? Es darf ein Riegel Bitterschokolade sein, es darf eine Praline sein, es darf auch eine Portion Joghurt sein. Leider sind wir nicht in der Lage die Zunahme der Gerinnbarkeit ganz aufzuheben, aber zumindest ein wenig.

Kollegentreff: Dieter-Thomas Heck im Hotel Atlantik in Hamburg

Hier sei die Frage erlaubt, wie ist es denn mit Frühsport, da wir ja gerade in den frühen Morgenstunden zu Thromben (Gerinnsel) neigen. Frühsport ist nach wie vor äußerst gesund, wenn wir nur eines beachten: Schon abends bei dem Zu-Bett-gehen ein Glas Fruchtsaft oder eine Schorle oder ein Glas Wasser oder einen Tee auf das Nachtschränkchen stellen, um dieses uns morgens als Erstes zuzuführen.

Dann können wir frisch und munter aufstehen und unserer freudigen sportlichen Aktivität nachgehen.

Krankheiten

Da die meisten Erkrankungen eine Folge der Fehlernährung sind, liegt es mir besonders am Herzen, wichtige Krankheitsbilder in ihrer Erstehungsgeschichte zu schildern.

Diabetis Mellitus (Zuckerkrankheit):

Leitsymptome allmählich immer mehr zunehmender Durst ohne erkennbaren Anlass.

Häufige Begleiterscheinungen: häufiges Wasserlassen, Müdigkeit, Abgeschlagenheit, verstärktes Hungergefühl, eventuell Neigung zu Juckreiz, Entzündungen an den Genitalien, Kopfweh, Kribbeln in Händen oder Füßen, schlecht heilende Wunden.

Diabetes Typ I kann sehr plötzlich auftreten und lebensgefährlich werden. Eltern erkennen als Verdachtssignale Acetongeruch (ähnlich wie Nagellackentferner) von Harn und Atem, vertieftes und schnelles Atmen, Lern- und Bewusstseinsstörungen. Hier besteht eine erbliche Anlage, ein Versagen der Insulinproduktion in der Bauchspeicheldrüse.

Der häufige Erwachsenendiabetes (Typ 2) entwickelt sich langsam, überwiegend in der zweiten Lebenshälfte. Die Veranlagung ist ebenfalls erblich, aber meist durch Fehlverhalten ausgelöst: Vielesserei, Alkoholübermaß, viel Fett, viel Süßes, Übergewicht, hohe Blutfette. Die ständige abgeforderte Insulinproduktion führt zur Erschöpfung der Bauchspeicheldrüse. Schwangerschaft, seelische Dauerbelastung, Unfälle, Operationen können begünstigend wirken. Auch Medikamente können bei Langzeiteinnahme auslösend sein. In Frage kommen Antibabypillen, Cortisonpräparate, Entwässerungsmittel bei Bluthochdruck und Herzschwäche. Außerdem sprechen wir von einer Insulinresistenz, das heißt, die Zellen reagieren nicht mehr auf Insulin.

Was ist zu tun? Ab dem 45. Lebensjahr auch bei völligem Wohlbefinden im Zwei-Jahres-Abstand und bei jedem Verdacht ärztliche Blutkontrolle auf Zuckerwerte. Harnteststreifen (rezeptfrei, Apotheke) machen eine Frühdiagnose nicht sicher, weil Zucker erst bei ziemlich hohen Werten in den Harn übertritt (Harnschranke).

Je früher man ärztliche Weisungen befolgt, desto besser. Unbeachtet drohen schleichend und anfangs unbemerkt Verschlimmerung, Gefäß-, Nieren-, Augen-, Herz- und Nervenschäden. Bei Männern treten dann auch Potenzstörungen auf. Damit Sie wissen, was die Zuckerwerte nüchtern bedeuten: bis zu 100 mg/% Normalwerte, bis zu 110 mg/% Grenzwertbereich gleich Übergewicht abbauen, weniger Fett, Alkohol, Rauchen aufgeben, viel Bewegung! Bis zu 120 mg/% Diabetesverdacht. Ärztliche Weisungen strikt befolgen. Hier reichen Ernährungsmaßnahmen und eine Bewegungstherapie oft aus. Bis zu 130 mg/% wahrscheinlicher Diabetes, hier ist eine konsequente Nahrungsumstellung erforderlich, aber Tabletten sind noch nicht notwendig, um 130 mg/% wird die Nierenschwelle erreicht, Zucker wird über den Harn ausgeschieden, der Harn riecht stark. Ob Tabletten ausreichen oder gespritzt werden muss, hängt vom Einzelfall ab.

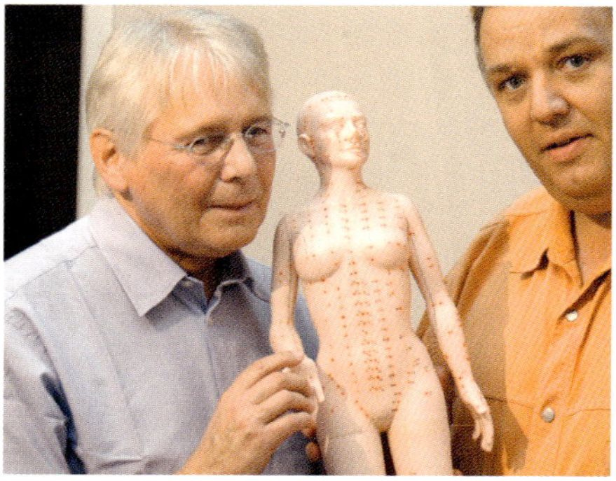

Ärztliche Empfehlungen: Bei Frühformen des Erwachsenendiabetes genügen Einhaltung der Essvorschriften und Gewichtsreduktion. Durch die Ernährungsformeln nach Michael Thürnau ist eine Berechnung nach Broteinheiten nicht erforderlich. Außerdem ist es nicht nötig, sich zu kasteien. Ein leichter Diabetes erfordert ebenfalls eine Ernährungsumstellung und meist zusätzlich die Einnahme von Tabletten. Bei schwerem Diabetes sind die Nahrungsumstellung und Spritzen erforderlich. Die moderne Insulintherapie ist in den letzten Jahren verträglicher und nebenwirkungsärmer geworden. Die Dosierung sollte möglichst unter Alltagsbedingungen eingestellt werden, ist präzise einzuhalten, in den geforderten Abständen ärztlich zu kontrollieren und muss an veränderte Umstände schnellstens angepasst werden. Bei spritzenbedürftigem Diabetes kann durch zu hohe Dosierung Unterzuckerung, Ohnmachtgefahr, diabetisches Koma eintreten. Nothilfe: etwas Traubenzucker, Apfel.

Selbsthilfe und Vorbeugung insgesamt sind – kohlenhydrat- und fleischarme Kost, Normalgewicht anstreben und halten, Alkohol meiden, auf Tabak verzichten. Viel Bewegung, angepasste Körperanstrengung, unbedingt tägliche Bewegung, tägliche Gymnastik, Kneipp'sche kalt-warme Wechselgüsse, Bürstenmassagen nass oder trocken. Der Philosoph Heraklit: Krankheit lässt den Wert der Gesundheit erkennen.

Arthrose

Die Arthrose ist mit Abstand die häufigste Erkrankung des rheumatischen Formenkreises. In 70 Prozent aller Rheumafälle handelt es sich um eine Arthrose. Ein Drittel aller Menschen über 40 haben eine mehr oder weniger ausgeprägte Arthrose: Abnutzung eines oder mehrerer Gelenke. Abnutzungsschäden entstehen aus vielerlei Ursachen: Überbeanspruchung bei Schwerarbeit oder einseitiger Belastung, Leistungssport oder Bewegungsarmut, jahrzehntelanges Übergewicht, Stoffwechselstörungen, angeborene oder unfallbedingte Fehlstellungen einzelner Gelenke, Haltungsfehler, X- oder O-Beine, Knick und Spreizfuß, unterschiedliche Beinlängen (fünf Millimeter genügen). Manche Menschen haben auch von Geburt an Knochen und Gelenke „2. Wahl“.

Zuerst wird immer das Knorpelgewebe geschädigt, bis die Gelenkknochen ungeschützt gegeneinander reiben, sich dabei verformen und schließlich nicht mehr aufeinander passen. Anfangs empfindet der Betroffene jegliche Unlust, die befallenen Gelenke zu bewegen. Bei Beanspruchung treten Missempfindungen unterhalb der Schmerzgrenze auf. Unwillkürlich kommt es zu entlastenden Schonhaltungen. Dieses setzt einen Teufelskreis in Gang. Nunmehr zusätzlich belastete Gelenke verschleißen ebenfalls. Die entlasteten Gelenke bekommen zu wenig Gelenkschmiere, entzünden sich. Die Entzündung produziert knorpelzerstörende Substanzen. Die gelenkstützende Muskulatur bildet sich zurück, wenn sie nicht mehr ausreichend beansprucht wird. Zunehmender Schmerz und Schwellung im Gelenkbereich und immer weitergehende Bewegungseinschränkungen sind vorprogrammiert.

Merke: Arthrose ist nicht heilbar. Günstigstenfalls kann die Verschlimmerung des Defekts aufgehalten werden. Dafür stehen die Chancen umso besser, je früher die richtigen Maßnahmen getroffen werden.

Ganz wichtig ist, die das Gelenk umgebende Muskulatur zu stabilisieren.

Bei sehr schweren Arthrosen werden Operationen und Gelenkersatz nötig. Häufigster Eingriff ist der Einsatz eines Hüftgelenks. Material und Operationstechnik sind inzwischen so perfekt, dass auch in höchstem Lebensalter gute Ergebnisse erzielt werden können. Man versucht sogar, diese Operation durch (schmerzlindernde) Therapie hinauszuschieben, weil künstliche Gelenke ca. 15 Jahre halten und danach der Ersatz wieder ersetzt werden muss. Auch Knie, Sprunggelenk, Fingergelenke werden inzwischen operiert, wenn es sein muss. Neueste Entwicklungen gehen dahin, abgenutzte Gelenke mit Knorpeltransplantationen zu reparieren statt „Ersatzteile“ einzusetzen.

In allernächster Zeit wird ein neues Verfahren zum Einsatz kommen, bei dem man eine körpereigene Substanz (Interleukin I) hemmt, das Ergebnis ins Gelenk injiziert und damit dem Knorpelabbau entgegenwirkt.

Ärztliche Maßnahmen: Rheumamedikamente wirken schmerz- und entzündungshemmend. Da Arthrosen anfangs keine und später nur geringe Begleitentzündungen machen, setzen Rheumaspezialisten so genannte Antirheumatika und cortisonhaltige Mittel grundsätzlich nicht ein. Sinnvolle Verordnung: Wärme mit Rotlicht, Fangopackung, versuchsweise auch Kälte (Kältekammer).

Auch bei der Arthrose sind ernährungsbedingte Maßnahmen dringend erforderlich: Reduzierung des Übergewichts, der Übersäuerung entgegenwirken, Nahrungsmittel mit reichlich Vitamin B und Vitamin E und Milchprodukte wegen des Calciumgehaltes. Auch eine regelmäßige sportliche Aktivität ist erforderlich.

Gicht

Die Gicht ist eine entzündliche Erkrankung, die hauptsächlich die großen Zehengelenke und später die Fingergelenke befällt. Sie bricht fast immer plötzlich aus, kurioserweise findet der erste Anfall immer an einem Großzeh statt, der dann sehr rot und teigig geschwollen ist, steif nach oben steht und höllisch schmerzt. Manchmal ist ein Knie der erste Herd. Dieser Anfall findet meist im Bett, während der frühesten Morgenstunden, nach reichhaltigem Essen und viel Alkohol am Vorabend statt und dauert so lange, bis der herbeigerufene Arzt ein Gegenmittel gespritzt hat. Unbehandelt kommt der nächste Anfall bestimmt, später beginnen dann Schmerzen in den Fingergelenken. Nach Jahren – dazwischen können beschwerdefreie Intervalle liegen – tritt die Gicht in ein chronisches Stadium. Es bilden sich Gichtknoten, weiche, sehr schmerzhafte Schwellungen an den Fingergelenken. Die Fingergelenke verkrüppeln und werden unbeweglich.

Ursache der Arthritis Urica (Gicht) ist eine Störung im Purinstoffwechsel. Der Organismus produziert zu viel Harnsäure, die unzureichend ausgeschieden wird.

Bei einer bestimmten Konzentration setzt sich die Substanz in Form von Kristallen in den Gelenken fest. Gichtschäden entstehen außerdem an Knochen, an Knorpeln, Sehnenscheiden und Nieren. Die Anlage zur Gicht ist zwar erblich, der Ausgang der Erkrankung ist aber von übermäßiger fleisch- und fettreicher Kost abhängig und wird zusätzlich durch reichlichen Alkoholkonsum und starkes Übergewicht begünstigt. Gicht gilt deshalb als „Wohlstandskrankheit".

Bei frühem Therapiebeginn und Befolgung ärztlicher Weisungen (Nahrungsumstellung) braucht es zu Gichtknoten und Deformationen nicht zu kommen! Die Ernährung mit Vitamin-B- und- E-haltigen Nahrungsmitteln ist von großer Bedeutung, außerdem die regelmäßige körperliche Aktivität.

Gefäßerkrankungen (Herzinfarkt, Schlaganfall)

Plötzlich mehr oder weniger dumpfer Herzschmerz, dazu Pulsbeschleunigung, bei starkem Anfall Atemnot, Schmerzausstrahlung in Arme, Bauch, Unterkiefer, kalter Schweiß, Blässe und Angst. Achtung, die Angst kann den Herzanfall weiter verschlimmern!

Bei einer Angina pectoris können weitere Anfälle (Dauer 30 Minuten bis Stunden) noch am gleichen Tag mehrmals auftreten oder erst nach Wochen, Monaten oder Jahren. Sie können bei körperlicher Belastung, Aufregung, übermäßigem Essen ausgelöst werden oder auch ohne ersichtlichen Grund bei völliger Ruhe, selbst im Schlaf überraschen. Ursache ist eine Minderdurchblutung der Herzkranzgefäße und somit des Herzmuskels, die durch eine Verkalkung oder einen Krampf der Herzkranzgefäße hervorgerufen wird. Beim Herzinfarkt selbst ist eine mehr oder minder große Arterie total verschlossen. Dabei geht ein Teil des Herzmuskels zugrunde.

Besonders gefährdet sind Raucher, Diabetiker, Gichtleidende, Bluthochdruckkranke und Personen mit zu hohen Fettwerten. Außerdem ist nach neuesten Erkenntnissen ein erhöhter Homocysteinspiegel von großer Bedeutung, ein Marker, der anzeigt, dass zu wenig Vitamin B6, B12 und Folsäure vorhanden sind und dann zu Gefäßveränderungen führt, an denen sich Ablagerungen festsetzen können. Übergewicht und Trainingsmangel sind meist weitere Risikofaktoren. Außerdem sind ständige nervliche, seelische Überlastung im Beruf oder Familie ein Risikofaktor. Immer häufiger stellt sich ein Herzinfarkt schon ab dem 30. Lebensjahr ein.

Selbsthilfe und Vorbeugung: strikter Tabakverzicht (notfalls Entwöhnungskur!), wenig Alkohol, Ernährungsumstellung wie von Michael Thürnau empfohlen. Natürlich ist auch hier die regelmäßige Bewegung ein Muss.

Arteriosklerose – Gefäßverkalkung

Vergesslichkeit, mangelnde Konzentrationsfähigkeit, Wortfindungsstörungen, schnelles geistiges Abflachen, Missstimmung, Desinteresse bis zur Verschlossenheit, starrer werdender Gesichtsausdruck, „kein Lifting“ deuten auf Gefäßschäden hin. Hinzu kommen nächtliche Unruhe, Schlafstörung, keine Schlaferholung, öfter leichtes Kopfweh, Drehschwindel, Ohrensausen, Sehstörung, Potenzverlust, schmerzhafte Empfindungen am Herzen oder an Gelenken, Atemnot beim Treppensteigen oder Tragen, Unsicherheit, Ängstlichkeit, Schmerzen in den Beinen nach immer kürzeren Gehstrecken (auch einseitig), in fortgeschrittenen Stadien auch zeitweiliger Orientierungsverlust und Verwirrtheit. Häufig treten nur einige der aufgezählten Beschwerden auf. Verstärkung geprägter Eigenschaften, zum Beispiel der Sparsame wird geizig, der Ruhige zieht sich immer mehr zurück, der Kritische wird nörgelig.

Vorwiegend arterielle Bahnen haben sich durch Ablagerungen verengt. Es kommt zu örtlichen Engpässen in der Versorgung des Gehirns, des Herzmuskel oder/und der Beine sowie im Beckenbereich. Zur Diagnostik gehören Prüfung der Arterien, Abtasten der Pulse (Hals, Fuß), Belastungs-EKG, Labor (Blutbild, Harn) und – ganz besonders wichtig – die Messung der Sauerstoffwerte im Blut, das heißt, die Bestimmung des Energiestatus. Beschwerden treten erst dann auf, wenn die Strombahnen zu mehr als 50 Prozent verschlossen sind. Es gibt zwar eine familiäre Neigung zu Sklerosen, sie wird aber begünstigt durch hohen Blutfettgehalt, hohes Homocystein, starkes Übergewicht, Tabak- und Alkoholmissbrauch und Bewegungsmangel.

Die Sklerose der Blutgefäße hat vor allem geistige und nervliche Beschwerden zur Folge und erhöht das Risiko für Schlaganfall, Hörsturz oder Netzhautbefall. An einen Schlaganfall muss gedacht werden, wenn der Betroffene plötzlich Gefühl- oder Bewegungsfähigkeit in einem Bein oder Arm oder einem ganzen Körperbereich oder -hälfte verliert oder an Seh- bzw. Sprachstörungen leidet oder verwirrt ist bzw. bewusstlos wird (ein Symptom genügt!).

Die moderne Kernspintomographie kann Blutbahnen ohne Röntgenstrahlen und Kontrastmittel darstellen und Engpässe zuverlässig lokalisieren. Nehmen Sie Skleroseverdacht nie auf die leichte Schulter, jede spürbare Sklerose ist bereits im fortgeschrittenen Stadium und verschlimmert sich in zunehmendem Tempo.

Die genannten Beschwerden sind häufig nichts anders als eine Quittung für jahrzehntelange „Sünden" in der Lebensführung, zum Beispiel Tabak und Alkoholmissbrauch, Überernährung, starkes Übergewicht, Bewegungsmangel, ständiges Entspannungs- und Schlafdefizit, ungelöste seelische Konflikte. Darum lohnt es in jedem Lebensalter, und möglichst frühzeitig, schädliche Gewohnheiten zu beenden und eine insgesamt kraftvolle Lebensweise mit täglichen alters- und kräfteentsprechenden Anstrengungen ohne Leistungszwang anzustreben.

Merke: Für Körperarbeit gibt es keinen Ersatz!

Zur notwendigen Entschlackung trägt eine Trinkmenge von täglich ca. drei Liter stillen Wassers, Früchte- und Kräutertees oder leichten koffeinfreien Kaffees bei. Das ist leichter gesagt als getan, denn im Alter lässt der Durst oft nach. Viel frisches Obst und Rohgemüse (als Salat) gehören in den täglichen Speiseplan, insbesondere Knoblauch, Zwiebel, Paprikaschoten, alle Blattgemüse, Kohlsorten und Möhren. Wichtig: Alles sehr gut kauen! Da die Verwertungsfähigkeit von Vitaminen, Mineralien und Spurenelementen im Alter nachlässt, sollte man mit diesen Dingen substituieren. Die viel beworbenen Säfte zur Verjüngung haben nahezu keinen therapeutischen Effekt.

Fettstoffwechselstörungen

Die immer wieder gehörte Entschuldigung „Meine Fette sind wegen einer genetischen Disposition erhöht." darf nicht gelten, obwohl eine genetische Belastung nachweisbar ist. Diese darf aber hinsichtlich der Konsequenzen nicht gelten.

Dass gerade Übergewichtige und körperlich wenig Aktive zu Fettstoffwechselstörungen neigen, leuchtet ein.

In den USA ist häufig bei Partys die erste Frage „What's your number?", womit der Gesamtcholesteringehalt gemeint ist. Unabhängig von einer gewissen Cholesterinhysterie kann man sich nie auf den Gesamtcholesterinwert stützen, sondern muss diesen immer in Verbindung mit dem LDL (böses Cholesterin) und dem HDL (dem guten Cholesterin) sehen. Erst beim Blick auf die Gesamtkonstellation kann man von einer Tendenz zur Erhöhung oder nicht sprechen. Denn bei der Gesamtkonstellation sind zwei Quotienten relevant, der Quotient aus dem LDL, dem bösen und HDL, dem guten Cholesterin sollte nicht über 3 liegen und der Quotient des Gesamtcholesterin durch das gute HDL Cholesterin sollte nicht über 4 liegen. Außerdem ist der von mir genannte Homocysteinwert von eminenter Bedeutung. Nach neuesten Erkenntnissen spielt das Lipoprotein A auch eine bedeutende Rolle.

Stoffwechselstörungen können wir in erster Linie durch Michael Thürnaus Ernährungsumstellung und körperlicher Aktivität entgegenwirken.

Aber was resultiert daraus, wenn wir es denn nicht tun? Die eben schon genannten Erkrankungen wie Herzinfarkt, Schlaganfall, Gefäßverkalkung, Diabetes mellitus, Arthrose und Gedächtnisstörungen sowie Krebs können die Folge sein. Deshalb: Packen wir es früh genug an!

Denken Sie an das Sprichwort: Arbeit, Müßigkeit und Ruh schließen dem Arzt die Türe zu.

Darmstörungen – Darmkrebs

Typisch für Magen-Darm-Erkrankungen sind die Begleiterscheinungen: Aufstoßen, Völlegefühl, Blähungen, Übelkeit, Erbrechen, Durchfall oder Verstopfung bzw. Durchfall/ Verstopfung im Wechsel. Appetitlosigkeit kann dabei sein. Die Beschwerden können als Dauerschmerz oder anfallsweise krampfartig auftreten. Erhöhtes Risiko, wenn Blut im Stuhl erkennbar oder der Stuhl schwarz eingefärbt ist. Als mögliche Erkrankungen kommen Magenschleimhautentzündungen, Infektionen des Magen-Darm-Kanals, verdorbene Lebensmittel, nervöse Darmreizungen, Magen- oder Zwölffingerdarmgeschwüre und letztlich der Darmkrebs in Frage.

Bei Verdacht einer solchen Erkrankung sollte der Laie unverzüglich den Arzt aufsuchen, denn genaue Diagnose und Therapie sind letztlich nur durch den Arzt möglich. Selbst vorbeugend sollte man harmlose Störungen zum Anlass nehmen, Ess- und Trinkgewohnheiten zu überdenken. Planen Sie, die Rezepte von Michael Thürnau genauestens zu beachten. Aber bedenken Sie auch, dass bei der Umstellung an diese gesündere Kost einige Wochen lang verstärkt Blähungen auftreten können. Auch hier ist die tägliche Bewegung ein Muss.

Sollten sich die Beschwerden durch eine Ernährungsumstellung nicht geben, so ist unbedingt eine Darm- und Magenspiegelung (Coloskopie, Gastroskopie) erforderlich, um eventuelle ernsthaftere Erkrankungen (Krebs) nicht zu übersehen.

Denn viel Fressen macht krank und ein unersättlicher Fraß kriegt das Grimmen. (Bibel, Sirach 37, 30–33)

Gedächtnisstörungen

Sie zählen zu den eben genannten Gefäßerkrankungen, da in erster Linie eine Verkalkung der Gehirngefäße zu Gedächtnisstörungen führt. Man denke aber auch an eine Fehlstellung der Wirbelsäule und an ein mangelndes Gefäßtraining. Nicht nur das körperliche Joggen, sondern auch das Gehirnjogging sind von eminenter Wichtigkeit, um seine Gedächtnisfähigkeit möglichst lange zu erhalten. Auch hier gilt wiederum das Sprichwort: „Voller Leib studiert nicht gern."

Sie sehen, hier spielt auch wieder eine Ernährungsumstellung eine ganz bedeutende Rolle

Wenn Sie das beachten, was ich schon zu den Gefäßerkrankungen schrieb, so brauchen Sie keine Angst vor Vergesslichkeit und Gedächtnisstörungen zu haben.

Psychische Erschöpfungszustände

Als Symptome: abgeschlagen, kaputt, scheinbar grundlos extrem müde. Die Beschwerden haben immer eine oder mehrere Ursachen, sind zwar keine eigenständige Krankheit, aber immer Alarmsignale des Körpers.

Häufige Begleiterscheinungen: fehlende Unternehmenslust, depressive Stimmungslagen, körperlich schlapp, geistig abgespannt, Konzentration- und/oder Merkschwäche, Neigung zu innerer Unruhe, launische Reaktionen. Gliederschwere, Frösteln oder Hitzewallungen, Temperaturerhöhung, Kopfweh, erkältungsähnliche Beschwerden können ebenfalls dabei sein. Es treten niemals alle, meist mehrere Begleiterscheinungen auf.

Eine Diagnose kann zu psychischen und physischen Erschöpfung aufgrund übermäßiger Müdigkeit noch nicht gestellt werden. Treten sie nur kurzfristig auf, können Schlafmangel, geistige und körperliche Überarbeitung daran schuld sein.

Hinter länger anhaltender Abgeschlagenheit stecken oft berufliche und familiäre ungelöste Probleme, zu wenig körperliche Bewegung, zu fettes Essen, stärkeres Übergewicht, Vielraucherei, starker Alkoholkonsum, oft (eigenmächtiger) Medikamentengebrauch, Schlaf-, Beruhigungs- oder Schmerzmittel. Nach überstandenen Infektionen stellt sich innerhalb weniger Tage das Wohlbefinden wieder ein.

Bei andauernder, eventuell zunehmender Abgeschlagenheit, muss an eine ernste Erkrankung gedacht werden. In Frage kommen: niedriger Blutdruck, häufig bei jüngeren Frauen, Blutarmut verschiedener Ursachen (zum Beispiel Monatsblutungen- oder Darmblutungen, Anämien), Schilddrüsenunterfunktion, andauernde ungelöste seelische Probleme, Magen oder Darmerkrankungen, chronische Hepatitis (Leberentzündung) oder andere chronische Leiden, erste Zeichen einer Krebserkrankung. Was ist nun zu tun? Am wichtigsten ist, dass Sie sich über die Ursachen des Missbefindens klar werden, für Abhilfe sorgen und sich nicht selbst bemogeln. Wenn Sie nach Schwerarbeit, Aufregung, durchzechter Nacht, Völlerei zwei bis drei Tage lang abgeschlagen sind, brauchen Sie nichts weiter als in den nächsten Nächten ein paar Stunden zusätzliche Bettruhe, leichtes und fettarmes, vitaminreiches Essen, Bewegung an frischer Luft, für längere Zeit Alkohol und Tabakverzicht. Vielleicht ist hier auch die Motivation zum endgültigen Verzicht auf diese Suchtgifte gegeben. Halten die Beschwerden mehr als eine Woche an oder werden stärker, so müssen Sie ärztlichen Rat einholen. Das ist ganz besonders wichtig für Kinder, ältere Menschen, Infektionsanfällige, stark Übergewichtige, nervlich und seelisch Belastete.

Kraftprotz: ich im Badeanzug vor der FettWegShow

Seien Sie nicht enttäuscht, wenn der Arzt keine Medikamente aufschreibt, sondern eine Umstellung der Lebensweise vorschlägt, Beispiel: tägliche Bewegung, Schwimmen, Radfahren, insbesondere Gewichtsreduktion, vitamin- und mineralstoffreiche Kost, mehr Entspannung und Bettruhe. All das tun Sie, wenn Sie Michael Thürnaus Ratschläge befolgen.

Zusammenfassend zur Selbsthilfe und Vorbeugung: Betroffene müssen selbst zur Besserung ihres Befindens beitragen und nach Behandlungen für anhaltende bessere Befindlichkeit sorgen. Hier möchte ich nicht das Wort Behandlungen, sondern eine Lebensumstellung nennen. Dazu gehören: vitaminreiche Kost, wenig Fett- und Fleischverzehr, möglichst Tabakverzicht und Alkoholeinschränkung, Normalgewicht anstreben und erhalten. Körperbelastung entsprechend Lebensalter und Kräftezustand (täglich mindestens 30 Minuten). Schwimmen, Radeln, strammes Gehen (Power Walking), Wandern, Gymnastik, Treppensteigen, Gartenarbeit, Handwerken, und nach neuesten Erkenntnissen Nordic Walking sind äußerst sinnvolle Maßnahmen. Zwei Stunden vor der Bettruhe nicht mehr naschen, keine Streitgespräche. Den Fernseher früher abschalten, ca. sieben bis acht Stunden für Bettruhe sorgen.

Ein bisschen Spaß muss sein: ich und Schlagersängerin Eva-Maria

Substitution

Wie ich anfangs schon schrieb, ist bei einer noch so gesunden Ernährung eine Ergänzung mit Mineralien, Vitaminen, Spurenelementen und Elektrolyten erforderlich, insbesondere wenn die Gewichtsreduktion im Vordergrund steht. Bevor ich auf einzelne Stoffgruppen komme, möchte ich einiges insgesamt schreiben. Vitamine, Mineralien, Spurenelemente sind gleichzeitig Radikalenfänger, was ich anfangs schon schrieb. Ich beginne mit dem wichtigsten Radikalenfänger, dem Vitamin E, um hier ein Beispiel zu nennen. Man hat Studien mit Vitamin E vorgenommen, indem man Rheumatikern, die sich im akuten Schub befanden, also ganz starke Gelenkschmerzen hatten, Vitamin E oder Kortison verabreichte.

Mit dem Ergebnis, dass die mit Vitamin E behandelten Patienten hinsichtlich Schmerzcharakter, Schmerzdauer und Schmerzintensität entschieden besser abschnitten als die mit Kortison behandelten Patienten. Hier soll sich natürlich auch jeder angesprochen fühlen, der kein Rheumatiker ist, aber Gelenkprobleme hat. Dann erübrigt sich natürlich die Frage, was man denn dann tut.

Als wichtigsten Mineralstoff möchte ich hier das Magnesium nennen: Magnesium sorgt dafür, dass 300 enzymatische Prozesse, also dringend notwendige biokatalysatorische Prozesse, damit notwendige Auf- und Abbauprozesse in unserem Körper erst ablaufen können. Außerdem ist Magnesium ein hervorragender natürlicher Mineralstoff, der für die Elastizität unserer Gefäße sorgt. Somit ein Mineral, welches nicht nur die Durchblutung fördert, sondern auch eine gute Prophylaxe und Therapie gegen Herzinfarkt und bei Herzinfarktpatienten ist. Ebenso kann man hier den Schlaganfall dazunehmen.

Magnesium gewährleistet, dass unser Körper erst die Möglichkeit hat, das so lebensnotwendige Calcium aufzunehmen. Hier mögen sich die Herren genauso angesprochen fühlen wie die Damen, denn wir Männer sind nahezu genauso Osteoporose gefährdet wie die Damen, insbesondere wenn wir Alkohol trinken. Und das wissen wir alle, Calcium ist dringend notwendig für den Knochenaufbau und die Stabilität.

Als eines der wichtigsten Spurenelemente nenne ich das Selen. Auch hier möchte ich die besondere Radikalenfängerwirkung des Selens untermauern. Studien an Patienten, die an einer chronischen Bauchspeicheldrüsenentzündung litten, ergaben, dass diese Entzündung unter hohen Gaben von Selen ausheilte. Wenn man bedenkt, dass dies eine Erkrankung ist, die mit außerordentlichen Schmerzen verbunden ist, die seinerzeit von uns Ärzten nur mit Morphium angegangen werden konnten, so ist dies ein einzigartiger Erfolg.

Hinzu kommt, dass Selen auch in der Onkologie (schulmedizinische Krebstherapie) sehr erfolgreich eingesetzt wird. Zumindest ist die Lebensqualität des Krebspatienten dadurch verbessert.

Bedingt durch den sauren Regen wird in erster Linie Selen und Magnesium aus unseren Böden ausgespült, sodass wir auch durch eine noch so gesunde Ernährung nicht mehr genügend dieser

Substanzen zu uns nehmen. Also substituieren wir doch auf natürliche Weise, um insbesondere dafür zu sorgen, dass unser Körper in den Radikalenfängerbereich gelangt.

Nun zu den einzelnen Stoffgruppen:

Vitamine und vitaminähnliche Substanzen

Beta-Carotin ist ein Antioxidtanz, also ein Radikalenfänger, der gleichzeitig einen Schutzfaktor gegen Krebs darstellt und das Immunsystem stimuliert. Ein Teil des Beta-Carotins, das nur in Pflanzen vorkommt, wird im Körper in Vitamin A umgewandelt.

Retinol (Vitamin A):

Vitamin A bedeutet ebenfalls eine Steigerung des Immunsystems und ein Schutzfaktor gegen Krebs. Somit eine Prophylaxe bei Infektionskrankheiten. Vitamin A bewirkt eine Funktionssteigerung der Epithelzellen von Haut und Schleimhäuten, man nennt Retinol auch das Schönheitsvitamin. Eine gestörte Epithelfunktion kann die verschiedensten Folgen haben. Eine Störung bzw. Veränderung der Harn- und Atemwege, eine Störung der Schilddrüsenfunktion und ein gestörtes Knochenwachstum, ganz besonders dient Retinol zur Verbesserung der Sehschärfe und gegen Nachtblindheit.

Thiamin (Vitamin B1):

Vitamin B1 ist ein neurotropes, also auf die Nerven wirkendes Vitamin. Somit bietet es sich gegen Nervenentzündungen und Nervosität sowie das so genannte Hyperkinetische Syndrom (Zappelphillip) an. Es ist wirkungsvoll bei Angstzuständen und Depressionen, bei Muskelschwäche und Leistungsschwäche und außerdem hilfreich bei Migräne und Wetterfühligkeit und Schmerzen. Vitamin B1 benötigen wir für die Verarbeitung der Kohlenhydrate. Da die Verwertung in Zusammenhang mit Alkohol nicht gewährleistet ist, haben Alkoholkranke einen entsprechenden Mangel, mit den Folgen einer Gehirnschädigung und Reflexverlust.

Riboflavin (Vitamin B2):

Es ist ein Bestandteil vieler Enzyme und hat eine Bedeutung für die Zellgesundheit. Auch Vitamin B2 wirkt neurotrop, ist also gegen Nervenstörungen wertvoll. Wie das Vitamin A bedeutet es auch eine Vorbeugung gegen Trübungen der Augenlinse, gegen Hautverschlechterung, gegen Wachstumsstörungen. Es ist wichtig für die Eisenaufnahme im Darm.

Nicotinamid (Vitamin B3):

In der modernen Medizin wird immer häufiger dieses natürliche Vitamin gegen eine Erhöhung des Cholesterinspiegels eingesetzt und ist somit eine gute Vorbeugung gegen Arteriosklerose. Es erweitert die Blutgefäße, wobei Nicotinamid in enzympatischer Form bei der Zellerneuerung hilft.

Pantothenäure (Vitamin B5):

Das Vitamin B5 fördert ebenso wie das Vitamin A die Epithelzellenbildung der Haut und der Schleimhäute. Es hilft gegen Entzündungen im Mund, Rachen, Atemwegen und Darm. Somit ist es ein gutes Vitamin zur Förderung der Heilung. Ein Mangel dieses Vitamins führt zu einer Schädigung der Nierenfunktion und des Nervensystems.

Pyridoxin (Vitamin B6):

Die meisten Enzymsysteme funktionieren nicht ohne dieses wichtige Vitamin B6. Es hilft somit gegen eine Infektanfälligkeit, chronische Müdigkeit, Nervenstörungen und bestimmte Arten von Anämie (Blutarmut). Es hilft bei Beschwerden des Prämenstruellen Syndroms, also bei Beschwerden vor der Periode. Und bedeutet eine Prophylaxe gegen Migräne. Außerdem hilft es bei

Diabetes mellitus, Arteriosklerose und ist damit beim Herzinfarkt einen gute Prophylaxe. Es hilft auch bei Rheuma und Arthritis, ebenso wie das Vitamin B1 ist der Verbrauch bei Alkoholkonsum erhöht, außerdem führt es leicht zu einem Mangel bei der regelmäßigen Einnahme der Antibabypille.

Cyanocobalamin (Vitamin B12):

Vitamin B12 ist von hoher Bedeutung für ein normales Blutbild und eine Zellerneuerung sowie für ein gesundes Nervensystem, es hilft gegen Stimmungsschwankungen, Gedächtnisverlust, Persönlichkeitsveränderungen, Bewegungsstörungen der Gliedmaßen, gegen erhöhte Blutfette und Arteriosklerose.

Biotin:

Biotin ist wichtig für Stoffwechselprozesse in den Zellen. Zudem wirkt es, was den meisten bekannt, bei Haut- und Schleimhautschäden. Zusätzlich ist es zur Senkung des Cholesterinspiegels im Blut wichtig und dient somit gegen die Arteriosklerose. Außerdem ist es eine Hilfe gegen Haarausfall und zum Beispiel brüchige Fingernägel.

Folsäure:

Folsäure ist wichtig bei einer Funktionsstörung der Eierstöcke und somit ein Mittel gegen die Unfruchtbarkeit. Außerdem wirkt es gegen Entzündungen der Mundschleimhaut und bei Störungen des Haarwuchses und auch gegen Arteriosklerose.

Vitamin B6, Vitamin B12 und Folsäure senken den Homocysteinspiegel. Anfangs sprach ich schon von den Gefahren eines erhöhten Homocysteinspiegels, der eine Gefahr dahin gehend darstellt, dass sich Gefäßablagerungen bilden und somit die Herzanfall- und Schlaganfallgefahr erhöht ist.

Cholin:

Cholin ist ein Teil des Lecithins, das in der Leber gebildet wird. Cholin ist von großer Bedeutung für den Fettstoffwechsel. Es dienst also gegen Arteriosklerose und Fettleber, außerdem ist es wichtig für die Regeneration der Gehirnzellen.

Inosit:

Ebenfalls ist Inosit ein Teil des Lecithins, dient also auch gegen Leberkrankheiten, Schlafstörungen, Angstzuständen und Störungen des Haarwuchs und ist gut für eine gesunde Haut.

Pangamsäure (Vitamin B15):

Das Vitamin B15 ist sehr wichtig für die Sauerstoffnutzung in den Gefäßzellen. Daraus kann man schließen dass es bei Durchblutungsstörungen insbesondere im Herzmuskel bedingt durch eine Verbesserung der Sauerstoffversorgung und damit gegen Angina pectoris günstig ist.

Para-Amino-Benzoe-Säure (PABA):

PABA ist ein wichtiger Teil der Folsäure und wirkt gegen sehr viele UV-Strahlen und ist somit ein Sonnenschutzvitamin. Es ist hilfreich gegen Ekzeme und gegen Vitiligo (Weißfleckenkrankheit, eine Depigmentierung der Haut).

Bioflavonoide:

Die Bioflavonoide schützen im Körper das Vitamin C vor einer vorzeitigen Oxidation, sie wirken gegen allergische Reaktionen und sind für die Gefäße wichtig.

Ascorbinsäure (Vitamin C):

Vitamin C ist ein wichtiger Radikalenfänger und somit ein Schutzfaktor gegen Krebs. Wir wissen alle, dass das Vitamin C unser Immunsystem stärkt, somit eine gute Prophylaxe gegen eine Infektanfälligkeit ist. Vitamin C stimuliert die Blutbildungszentren, wirkt außerdem gegen erhöhte Blutfettwerte und damit gegen ihre Folgen wie Herzinfarkt und Schlaganfall. Vitamin C ist auch bei Allergien wichtig. Wir benötigen Vitamin C bei der Wundheilung, außerdem bei der Eisenverwertung. Es wirkt gut bei Gefäßverschleiß, außerdem hilft es beim Abbau von Giftstoffen und ist ein Schutz für die Leberzellen,

Colecalciferol (Vitamin D):

Vitamin D wird unter dem Einfluss von Sonnenlicht zum Teil im Körper selbst gebildet und ist so ein wichtiges Vitamin gegen z.B. Rachitis, Knochenbrüchigkeit (Osteoporose). Außerdem ist es wichtig bei bestimmten Formen von Krebs, wie Darm- und Brustkrebs und wirkt auch gegen Schuppenflechte (Psoriasis).

Vitamin K:

Vitamin K verhindert Blutungen an Organen und Geweben. Sollte eine Operation oder eine Zahnextraktion bevorstehen und die Patienten haben vorher Marcumar (ein Mittel gegen die Blutgerinnung) und Acetysalicylsäure (Aspirin) eingenommen, so ist die Injektion von Vitamin K angezeigt.

Alpha-Tocopherol (Vitamin E):

Vitamin E ist ein Antioxidans gegen freie Radikale und damit auch ein gewisser Krebsschutz. Es weist einen ausgeprägten antisklerotischen Effekt (es verhindert die Oxidation der Blutfette und nur die Oxidation führt zu Ablagerungen in den Gefäßen), damit hat es auch eine protektive Wirkung gegen Herzinfarkt und andere durch Arteriosklerose bedingte Erkrankungen sowie gegen Durchblutungsstörungen. Es wirkt gegen Entzündungen bei Erkrankungen des rheumatischen Formenkreises, gegen vorzeitige Alterung der Haut und gegen Hautschäden. Allem Anschein nach hat es auch positiven Einfluss auf das Hormonsystem (Besserung von Wechseljahrsbeschwerden, Steigerung der Fruchtbarkeit)

Mineralstoffe

Kalium:

Da Kalium von großer Bedeutung für die Regulation des Wasserhaushaltes im Körper ist, wirkt es auch bei einem erhöhten Blutdruck und gegen eine Verengung der Blutgefäße. Kalium ist wichtig bei Herzschäden wie Herzrhythmusstörungen, Herzjagen und Herzinsuffizienz. Kalium reguliert die Erregbarkeit der Muskelzellen.

Natrium:

Natrium ist ebenso wie Kalium bedeutend für den Wasserhaushalt. Es wirkt gegen Müdigkeitserscheinungen, Schwindel, Kopfschmerzen, Störungen der Herztätigkeit und Muskelkrämpfe. Außerdem ist es gegen eine Störung des Salzgehaltes im Magensaft wichtig.

Chlor:

Kochsalz besteht aus der Verbindung von Natrium und Chlor (Natriumchlorid). Ihre Verwendung ist in ca. 20 Prozent verantwortlich für eine Erhöhung des Blutdrucks. Inzwischen weiß man aber, dass es salz-sensitive und salz-nichtsensitive Patienten gibt.

Phosphor:

Phosphor dient zum Aufbau der Knochen, und zwar als Kalziumphosphat, als Phosphorlip ist es ein Baustein der Zellen. Wichtig ist Phosphor für die Umwandlung der Nahrung in Energie. Es ist bedeutend für das Gehirn und das Nervengewebe. Zu erwähnen ist, dass die meisten Menschen allein durch die Nahrung zu viel Phosphor aufnehmen und damit dann das Verhältnis zu Calzium gestört ist, was den Knochen eher schadet.

Eisen:

Eisen ist unverzichtbar für die Bildung von Hämoglobin, ein Stoff, der für den Sauerstofftransport zu den einzelnen Zellen verantwortlich ist, weshalb auch ein Hämoglobinmangel zur Blutarmut führt und in den meisten Fällen mit einem Eisenmangel in Verbindung steht. Eisen ist sehr wichtig für unser Nervensystem und ist Bestandteil von Enzymen. Da Eisen die Lymphozyten und die Phagozyten aktiviert, ist es von enormer Wichtigkeit für unser Immunsystem.

Spurenelemente:

Jod:

Jod ist von großer Bedeutung für die Hormonbildung in der Schilddrüse und wirkt somit, wie bekannt, gegen eine Kropfbildung (siehe die Jodmangelgebiete).

Fluorid:

Fluorid erhärtet den Zahnschmelz und verhindert bakterielle Säuren am Zahnbelag. Bekanntlich dient Fluorid auch als Vorbeugung gegen die Osteoporose und wahrscheinlich auch vorbeugend gegen die Arteriosklerose.

Schwefel:

Schwefel ist ein wichtiger Bestandteil von Aminosäuren und wirkt mit dem Stoffwechselhormon Insulin zusammen. Schwefel hilft der Leber bei der Entgiftung und ist wichtig für die Verwertung der Vitamine B1 und Biotin. Somit ist es einleuchtend, dass Schwefel gegen Hautkrankheiten und Schäden an Haaren und Nägeln von Bedeutung ist und für gesunde Knochen und Gelenke sorgt.

Zink:

Zink ist ein Bestandteil jeder Zelle und wichtig für viele Enzyme. Es ist beteiligt am Knochenaufbau und am Zuckerstoffwechsel, es wirkt gegen Darmentzündungen, Krebs, Bluthochdruck, Unfruchtbarkeit, Diabetes mellitus und gegen das chronische Müdigkeitssyndrom.

Kupfer:

Kupfer ist ebenfalls ein wichtiger Bestandteil von Enzymen und bedeutend für die Blutbildung. Außerdem ist Kupfer für den Knochenstoffwechsel wichtig und ist eine entzündungshemmende Substanz.

Zinn:

Zinn wirkt bei erhöhtem Blutdruck und bei der Behandlung der Schuppenflechte (Psoriasis).

Kobalt:

Auch Kobalt aktiviert verschiedene Enzyme und ist mit beteiligt an der Bildung der roten Blutkörperchen und der Jodaufnahme durch die Schilddrüse.

Chrom:

Chrom sorgt für die Regulierung des Blutzuckers und ist deshalb gegen Diabetes mellitus geeignet, außerdem gegen Arteriosklerose mit ihren Folgeerkrankungen.

Mangan:

Mangan ist von Wichtigkeit für den Stoffwechsel der Knochen und Gelenke und deshalb eine gute Vorbeugung gegen Osteoporose und Arthrose.

Molybdän:

Auch Molybdän ist ein Bestandteil verschiedener Enzyme, die für die Ausscheidung der Harnsäure, der Umwandlung des Alkohols in der Leber und die Umwandlung sämtlicher Sulfide aus der Nahrung zuständig sind. Verschiedene Mineralstoffe und Spurenelemente benötigen Molybdän.

Nickel:

Es wird vermutet, dass Nickel die Wirkung von Insulin verstärkt und mildert die schädliche Wirkung des Stresshormons Adrenalin

Silizium:

Silizium ist wichtig für das Gewebe, das Bindegewebe und die Knochen und wirkt vorbeugend gegen Arteriosklerose.

Lithium:

Lithium ist bekannt als Antidepressivum. Es regt die Neubildung der Leukozyten (weiße Blutkörperchen) an, die für das Immunsystem von aller größter Bedeutung sind.

Vanadium:

Vanadium hat eine vorbeugende Wirkung gegen Osteoporose, Karies und Arteriosklerose und hat außerdem eine gute Wirkung bei Diabetes mellitus.

Da ich anfangs schrieb, dass die Zuführung von Vitaminen und Spurenelementen sowie Mineralien wichtig ist, so ist es jetzt nicht nötig, all diese genannten Stoffe im Einzelnen zu sich zu nehmen. Es gibt hervorragende so genannte Nahrungsergänzungsmittel, die ihre große Bedeutung haben. Wir finden auch

Nahrungsergänzungsmittel, die in keiner Weise mit Chemikalien bearbeitet wurden. Hier sollte man sich aber unbedingt von seinem Arzt oder Apotheker beraten lassen.

Fitness statt TV-Studio – ich und Moderatorin Katrin Krebs

Bewegung

Zunächst sollten wir uns für immer verinnerlichen und uns eindeutig darüber im Klaren sein, dass eine Gewichtsreduktion ohne körperliche Aktivität, ohne Bewegung nicht möglich ist.

Das soll jetzt bitte nicht abschrecken, denn es ist enorm wichtig, eine Bewegung zu bevorzugen, die Freude und Spaß macht. Jeder, auch der Faulste, der Trägste wird eine Bewegungsart finden, die ihm gefällt und die vor allen Dingen, nach einer regelmäßigen zweiwöchigen Tätigkeit, ein enormes Wohlbefinden auslöst. Jeder Bewegungsuntätige wird sicher schon einmal gespürt haben, wie wohl er sich nach einem langen Spaziergang gefühlt hat. So etwas gerät natürlich schnell wieder in Vergessenheit, wenn man sich danach wieder zum Faulpelz entwickelt. Wenn man jedoch das enorme Wohlbefinden einer körperlichen Aktivität andauernd spürt, so kommt garantiert der Zeitpunkt, da man diese nicht mehr missen möchte.

Bei jeder körperlichen Aktivität werden Hormone ausgeschüttet, die ein Befriedigungs- und Lustgefühl auslösen, über die ich an anderer Stelle noch berichten werde.

Jeder dauernden körperlichen Aktivität sollte unbedingt eine ärztliche Untersuchung vorausgehen, die vor allen Dingen ein Belastungs-EKG beinhalten muss sowie Blutdruckmessung. Dringend erforderlich, insbesondere, wenn man sein Gewicht reduzieren will, ist eine Lactatmessung. Diese wird folgendermaßen vorgenommen. Unter Belastung bei einem Belastungs-

EKG wird bei verschiedenen Stufen aus dem Ohrläppchen ein Tropfen Blut entnommen, welcher auf Lactat (Milchsäure) gemessen wird. Sollte dieser Wert eine gewisse Grenze überschreiten, so weiß man, dass sich der Körper im anaeroben (Sauerstoffnot) Bereich befindet. Wir müssen uns darüber im Klaren sein, dass man im anaeroben, also im Sauerstoffnotbereich kein Gewicht reduziert. Das Ergebnis der Lactatmessung korreliert mit einer gewissen Pulsfrequenz, die wir nicht überschreiten sollten bzw. nicht dürfen. Nach regelmäßiger und längerer körperlicher Aktivität dürfen wir die Belastungsstufen steigern, um im gesunden aeroben Bereich zu bleiben. Dies ist der so genannte Trainingseffekt. Ein abschreckendes Beispiel: Ein stark übergewichtiger Patient von mir überwand im wahrsten Sinne des Wortes seinen inneren Schweinehund, indem er täglich seine Bewegungsgrenzen überschritt. Dies war in der Anamnese eindeutig glaubhaft. Dieser Patient wunderte sich nun, kein Gramm abgenommen, im Gegenteil zugenommen zu haben. Die Erklärung lag darin, dass er sich ständig im anaeroben Bereich bewegt hat, somit die Verbrennung nicht gewährleistet war.

Der gesunde aerobe Bereich ist gleichzeitig, wie sie es von oben wissen, auch der Radikalenfängerbereich.

Sie sehen also, Bewegung auf Teufel komm raus, ist gar nicht sinnvoll, ja sogar schädlich. Hinzu kommt, dass man unter einem Belastungs-EKG feststellt, dass man auch hinsichtlich der Durchblutung der Herzkranzgefäße seine Grenzen nicht überschreitet.

Sehen wir als Beispiel unsere Leistungssportler, so hören wir immer wieder oder lesen in der Presse, dass sie sehr Herzinfarkt gefährdet sind, zu Knochenbrüchen und Bänderrissen neigen. Dieser Leistungssport ist auf Dauer ungesund, da der Sportler sich immer im anaeroben Bereich bewegt.

Wenn Michael Thürnau den Maschsee in Form von Joggen, Power Walking, Nordic Walking umrundet oder wenn er schwimmt und sich ins Fitnessstudio begibt, so seien Sie sicher,

dass er sich im aeroben Bereich befindet, ansonsten wäre sein enormer Erfolg hinsichtlich der Gewichtsreduktion gar nicht erklärbar.

Mein oben genannter Patient reduzierte sein Bewegungspotenzial nahezu um die Hälfte und nahm kontinuierlich an Gewicht ab.

Was benötigen wir für diese Art der Bewegung? Natürlich können wir im allermodernsten, modischsten Outfit diese Tätigkeiten vornehmen, was aber eine Gewichtsreduktion in keiner Weise erleichtert. Es sollten ja auch immer sportliche Aktivitäten sein, die man auch mal so zwischendurch machen und betreiben kann. Somit genügt es, im Kofferraum das richtige Schuhwerk zu verstauen. Hierauf sollten wir allerdings den allergrößten Wert legen. Jeder orthopädische Schuhmacher kann uns hier bestens beraten.

Am Schuh sollten und dürfen wir nicht sparen. Es ist erforderlich, die Sportschuhe nach einer gewissen Belastungszeit zu wechseln.

Der Zeitpunkt der sportlichen Aktivität ist nahezu egal.

Michael Thürnau bevorzugt den frühen Morgen und fühlt sich nach anschließendem zunächst warmen, dann kaltem Duschen pudelwohl und geht aktiv in seinen Stressalltag, bitte nicht Dystressalltag, hinein.

Nun zu den einzelnen sportlichen Aktivitäten:

Walking:

Wie schon gesagt, Walking eignet sich außerordentlich gut zur Fettverbrennung und zur Reduktion des Gewichtes. Beim Walking kann die Fettverbrennung mit der Belastung Schritt halten. Von Anfang an beginnt der Körper schon den Fettstoffwechsel in

Gang zu setzen, wobei allerdings zu sagen ist, dass erst nach einer halben Stunde der Prozess auf vollen Touren läuft.

Walking bei Gelenkproblemen? Hier sollte man nicht vergessen, dass zum Beispiel Schwimmen oder Radfahren ebenfalls Ausdauersportarten sind, die im Gegensatz zum Walken, die Gelenke kaum belasten. Deshalb sollte man Übergewichtigen gelenkschonende Sportarten wie Fahrradfahren und Schwimmen empfehlen oder diesen Menschen raten, ganz besonders auf ihr Schuhwerk zu achten und diese Sportart nicht auf hartem Untergrund, sondern auf weichem Waldboden zu absolvieren. Es gibt das Fitness Walking, das Nordic Walking und das Interval Walking, drei recht moderne Walkingtrends, die in erster Linie zur Steigerung der Kondition beitragen.

Nordic Walking:
Wenn ich mich vor drei bis vier Jahren an Nordic Walker zurückerinnere, so muss ich zugeben, oft herzhaft gelacht zu haben. Die Bewegungsabläufe erschienen mir im wahrsten Sinne des Wortes etwas lächerlich. Nach näherer Beschäftigung muss ich aber sagen, am meisten zu dieser Sportart zu neigen, da hier die Fettverbrennung am ehesten gewährleistet ist, aber auch ganz besonders der Aufbau der Muskulatur.

Während wir beim Joggen und Power Walking ca. 30 Prozent unserer Muskulatur beanspruchen, so ist diese Beanspruchung beim Nordic Walking ca. 80 – 90 Prozent. Es ist ein Ganzkörpertraining mit Stockeinsatz. Diese sanfte Sportart kommt aus Finnland und führt zu einer Superfigur. Es trainiert nicht nur die Beine, sondern auch Arme und Oberkörper. Hier leuchtet ein, wie viele Muskeln beansprucht werden. Da diese Sportart so ungemein wichtig und wirkungsvoll ist, möchte ich versuchen, etwas näher ins Detail zu gehen.

Nordic Walking in der Ebene:
Winkeln Sie den Unterarm um 90° an und wiegen Sie die Stöcke im Schritttempo mit. Auf harten Böden empfiehlt sich das Antischocksystem, was zu den Stöcken dazugehört, anzuschalten.

Laufen auf Querungen:
Verlängern Sie den talseitigen Stock und verkürzen Sie den bergseitigen Stock. Das Antischocksystem kann wahlweise an- und/oder ausgeschaltet werden.

Beim Bergabgehen:
Bergab sollten die Stöcke so weit verlängert werden, dass sie beim Aufstützen eine bequeme aufrechte Körperhaltung haben und schalten Sie das Antischocksystem ein.

Beim Bergaufgehen:
Beim Bergaufgehen müssen die Stöcke so verkürzt werden, dass Ihre Arme beim Stockeinsatz nicht überdehnt werden. Eine optimale Energieübertragung kann das Antischocksystem bewirken.

Zum Antischocksystem (ASS):
Das an- und ausschaltbare Antischocksystem ermöglicht einen optimalen Einsatz in allen Wandersituationen. Um beim Bergabwandern und auf harten Böden die besonders hohen Kraftspitzen zu vermeiden und die Gelenke zu schonen, schalten Sie das System an. Für eine optimale Kraftübertragung beim Bergaufwandern ist das System ausgeschaltet.

Beim Nordic Walking kann ich mit ruhigem Gewissen sagen, dass diese Art der sportlichen Betätigung auch gelenkschonend ist.

Power Walking:
Hierunter versteht man ein schnelles sportliches Gehen, bei dem die Füße verstärkt mit der Ferse aufgesetzt werden. Damit auch die Arme beansprucht werden, sollte man eine lockere Pendelbewegung ausführen, von der Schulter bis zur Schulterhöhe. Power Walking ist geeignet für alle, die ihre persönliche Fitness und Ausdauer auf sanfte, aber äußerst effektive Art und Weise verbessern wollen, die ihr Gewicht reduzieren müssen.

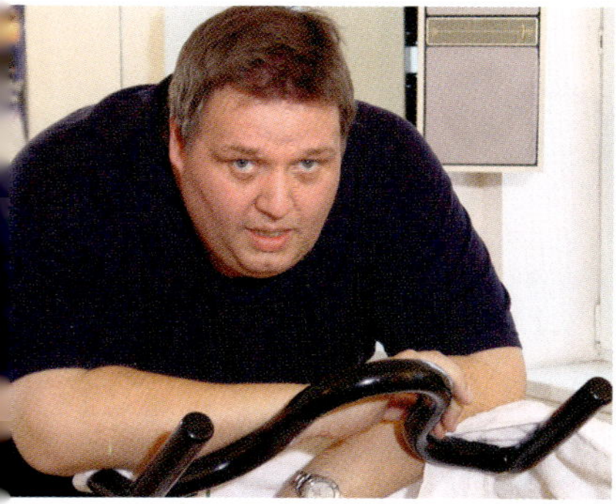

Zusammenfassend darf ich sagen, Sport ist in jedem Falle gut, zu viel Sport ist allerdings falsch, wie bei allem, beim Essen, bei der Medikamenteneinnahme und im Leben gilt: „Die Dosis macht's!" Es gilt wie bei der Nahrung, das goldene Mittelmaß ist richtig. Wenn wir bemüht sind, dieses weitestgehend einzuhalten, wird der individuelle Sauerstoffverbrauch nicht überschritten und die Abwehr der freien Radikalen kann besser bewerkstelligt werden. Hiervon profitiert der gesamte Organismus, so dass Krankheiten entschieden seltener entstehen. Wissenschaftler sind sich heute einig, dass Sport, wenn er denn richtig dosiert wird, keinen nachhaltigen gesundheitlichen Schaden hat. Aus der Historie wissen wir, dass der Mensch zur Bewegung geschaffen worden ist, denn wir mussten für unseren Lebensunterhalt immer schwer arbeiten, und zwar körperlich schwer arbeiten. Die Menschen waren ständig als Sammler, Jäger und Krieger unterwegs. Es ist gerade erst 100 Jahre her, als der Mensch mit seiner Muskelkraft zu 80 Prozent am Gesamtenergieaufkommen beteiligt war. Heute ist dies unter ein Prozent abgefallen, was die technische Entwicklung ermöglichte. Wir wissen inzwischen, dass Bewegung nicht nur Lebensfreude, Energie und Kreativität schafft, sondern auch Herz-Kreislauf-Erkrankungen, Osteoporose, Stoffwechselstörungen wie zum Beispiel die Zuckererkrankung verhindert. Die Worte Churchills gelten eben nicht: „Sport ist Mord."

„Regelmäßige dosierte Bewegung stärkt die Radikalenabwehr". (Lester Parker Biochemiker der Uni Berkley Kalifornien).

„Zentraler Punkt einer auf Schutz durch Antioxidanzien ausgerichteten Lebensweise ist die Bewegung." (Dr. Kenneth Cooper, USA)

Hormonelle Ausschüttung bei der sportlichen Aktivität

Für unsere Lebensgestaltung benötigen wir Hormone. Sollten diese weniger gebildet werden oder gar fehlen, wird das Leben zunehmend beschwerlicher. Das Wort Hormon kommt aus dem griechischen „hormao" und bedeutet: „Ich aktiviere mich!." Sie sind chemische Übertragungsstoffe, die mit hoher Geschwindigkeit in die Blutbahn gelangen und im gesamten Organismus ihre Wirkung entfalten. Sie sind an allen Stoffwechselvorgängen beteiligt. Inzwischen sind ca. 25 verschiedene Hormone bekannt.

Häufig hören wir von der völlig laienhaften Meinung, Hormone zu substituieren, um sich jung zu halten, geschweige denn jünger zu werden. Dies ist völlig falsch und ungesund, denn eine alleinige Hormonersatztherapie ist sinnlos, ja gefährlich, denn das Zusammenspiel der einzelnen Hormone untereinander in der richtigen Dosierung beeinflusst erst den gesamten Organismus positiv.

Ich halte es für enorm wichtig, immer zuerst einen Hormonstatus zu erheben, um dann auf richtige Art und Weise zu substituieren. Aber das ist sicherlich nicht nötig, wenn wir denn unsere Lebensweise dem so genannte Good Aging anpassen. Erst dann ist eine Hormontherapie sinnvoll, wenn wir durch eine Balance zwischen vernünftiger Ernährungsweise und sportlicher Aktivität einen Hormonmangel nicht aufheben können.

Nicht nur die Frauen, sondern auch wir Männer benötigen Östrogene und auch Progesteron. Auch das ist eindeutig bewiesen, dass wir Männer in die Wechseljahre kommen, es also zu eines Dysbalance der Hormone führt. Im Gegensatz allerdings zu den Frauen bleibt der Mann bis ins hohe Alter zeugungsfähig. Er ist mit den weiblichen Hormonen sogar doppelt versorgt, denn er bildet neben dem Östrogen auch das Progesteron, das Gelbkörperhormon, welches bei der Frau zu der Einnistung der befruchteten Eizelle in die Gebärmutter sorgt. Es ist bekannt, dass Sinneseindrücke und auch das Wahrnehmungsvermögen über Hormone und da vor allem über das Östrogen gesteuert werden.

Je älter wir werden, umso mehr neigen wir dazu, an Fettmasse zuzunehmen und an Muskelmasse abzubauen, dem können wir nur durch eine sportliche Aktivität begegnen, da dadurch die hormonelle Balance wieder hergestellt wird. Während einer sportlichen Aktivität werden Endorphine, morphiumähnliche Substanzen, die ein Glücksgefühl erzeugen, ebenso das Serotonin ausgeschüttet. Es gibt in der Psychotherapie die so genannten Serotoninwiederaufnahmehemmer gegen Depressionen, deshalb heißt es auch „Das beste Antidepressivum ist die körperliche Aktivität."

Testosteron sorgt insbesondere für den Muskelaufbau und wirkt dem Fettaufbau entgegen. Gerade deshalb ist es für die älteren Jahrgänge wichtig, sich regelmäßig sportlich aktiv zu betätigen, einmal um seine Fitness zu erhalten, das Gewicht zu reduzieren und eine ansprechende Körpersillouette zu bewahren.

Bewegung mit Partner und in der Gruppe

Blumenkohl statt Schokolade – die neuen Gastgeschenke für mich im TV-Studio

Dem einen macht es besonders viel Spaß, sich alleine in der freien Natur zu bewegen, da er sich von der Natur berauschen lässt. Dies sind aber die wenigsten, die meisten Menschen bewegen sich lieber mit einem Partner oder in einer Gruppe. Das Gruppengefühl ist von immenser Bedeutung. Der eine Grund ist der, dass man sich gegenseitig anspornt, nicht gegenüber dem anderen zurückfallen will, die gleiche Intention hat. Außerdem ergeben sich während einer moderaten sportlichen Aktivität, das heißt im aeroben Bereich, Möglichkeiten, sich zu unterhalten, ja eventuell sogar Probleme zu besprechen, im gewissen Maße Konferenzen zu führen, aber insbesondere, sich vom Alltag zu lösen, Dysstress abzubauen und zu entspannen. Bei jeder sportlichen Aktivität, bei der man noch in der Lage ist, sich zu unterhalten, kann man sicher sein, sich noch im aeroben Bereich zu befinden, um es auf einen Nenner zu bringen: „Laufen ohne zu Schnaufen."

Mit Partnern, insbesondere mit einer Gruppe, fühlt man sich entschieden eher geneigt, die Pünktlichkeit zu wahren. Alleine dreht man sich lieber noch mal im Bett herum und schafft es nicht, den inneren Schweinehund zu überwinden, während man sich mit dem Partner und in einer Gruppe doch eher verpflichtet fühlt. Aber auch hier sei gesagt, dass ich die Erfahrung gemacht habe, wenn man eine regelmäßige sportliche Aktivität in den ersten 14 Tagen betreibt, so ist es anschließend so, dass einem regelrecht etwas fehlt, wenn man es dann einmal auslässt. Auf Dauer gesehen heißt regelmäßig nicht täglich. Ich empfehle aber meinen Patienten immer wieder, sich mindestens drei bis viermal in der Woche sportlich zu aktivieren.

Die Gruppendynamik ist nicht zu vernachlässigen. Umsonst gibt es nicht die Koronargruppen, die Fett-Weg-Gruppen, die Sportvereine.

Jedoch berücksichtigen Sie, jeder ist ein Individuum, der eine schafft es besser für sich ganz alleine, während der andere mehr ein Gruppenmensch ist.

Biorhythmus

Für uns alle, für die meisten Menschen ist es normal, dass ihr Leben in einem gewissen Gleichmaß verläuft. Nach Möglichkeit morgens ausgeruht aufstehen und abends müde zu Bett gehen. Dass wir zwischendurch eine Müdigkeitsphase erzielen, scheint auch normal zu sein, aber danach ist Arbeit wieder selbstverständlich. Allerdings ist es uns bewusst, dass dieses regelmäßige Auf- und Ab der Leistungsfähigkeit ein Teil eines ganz natürlichen Phänomens ist.

Dieses Phänomen heißt Biorhythmus. Ein Wort, welches den Oberbegriff für regelmäßige, reproduzierbare, zeitabhängige Änderungen physiologischer Funktionen darstellt. Alle Lebensvorgänge sind nicht gleich bleibend, sondern wiederholen sich stetig, Der Mensch ist kein Motor, den man beliebig an- und ausstellen kann, sondern ein Individuum, welches Belastungsphasen mit Erholungsphasen wechseln lässt. Biologische Rhythmen verschaffen ihm das Gleichgewicht der Kräfte. Wir sind sowohl dem Tageslicht als auch der Dunkelheit ausgesetzt. Wir sind dem Winter und dem Sommer ausgesetzt, wir sind der Hitze und der Kälte ausgesetzt.

Dysstress – Stress keine Entschuldigung

Wie oft hören wir das Stöhnen: „Ich bin heute so gestresst!“ Diesen Menschen können wir nur sagen: „Du lebst verdammt gesund!“ Stress ist gesund. Ein Mensch, der in der Lage ist, seine Arbeit koordiniert zu gestalten, sich nicht hetzen zu lassen, nicht das übliche HB-Männchen zu sein, nicht von Termin zu Termin zu jagen, nicht super pedantisch zu sein, den nicht die Fliege an der Wand stört, und sich unter Druck gesetzt fühlt, befindet sich eindeutig im Stress.

Alles ruhig und gelassen anzugehen, Termine mit Intervallen zu planen, selbstbewusst seine Arbeit zu verrichten, nicht nur Gelassenheit auszustrahlen, sondern auch selbst gelassen zu sein, fröhlich zu sein, Freude an der Arbeit zu haben, der befindet sich im Stress. Während das andere Beispiel Dysstress (Dys gleich schmerzhaft) bedeutet.

Also diese beiden Ausdrücke sollten wir ganz strikt trennen.

Derjenige, der sich im Dysstress befindet, bewirkt eine ständige Adrenalinausschüttung, was eine Herzfrequenzsteigerung bedeutet, was zu Zittern und Schweißausbrüchen führt, nicht nur dem Herzen, sondern dem gesamten Nervensystem schadet, lebt äußerst ungesund.

Also werden wir alle, in Stresssituationen entschieden mehr zu leisten und zu bewältigen haben während wir in Dysstresssituationen entschieden weniger schaffen und uns auch noch schaden.

Wie ich schon schrieb, sollte sich Ratio und Emotio die Waage halten.

Wenn die Emotio im Privatleben hin und wieder obsiegt, so kann dies auch von großem organischem Nutzen sein. Sollten wir allerdings in eine Bank gehen, um einen Kredit zu beantragen, so sollte unbedingt die Ratio obsiegen.

Der Dysstressesser isst völlig ungezügelt und unüberlegt, hat seine Gedanken schon bei einem nächsten Termin, der sowieso nicht eingehalten werden kann, fühlt sich also deshalb gehetzt, ist nicht bewusst bei seiner Sache, dem wunderschönen Essen, er genießt also nicht. Nicht genießen setze ich gleich mit Fettzellen aufbauen. Denn beim nächsten, eh schon überschrittenen Termin, wird er zunächst sehr müde sein, und ganz bald, bedingt durch die Insulinausschüttung, ein starkes und quälendes Hungergefühl verspüren.

Spaß auf der Waage: viele Zuschauerinnen ließen sich mit mir fotografieren

Absolut ungesund!

Der Stressmensch wählt seine Nahrung ganz bewusst und mit Überlegung aus, freut sich intensiv auf seine Nahrungsaufnahme, sucht sein Obst möglichst farbig gestaltet aus und genießt Bissen für Bissen, die er ganz bewusst und mit Genuss kaut. Schon beginnt der Verdauungsapparat zu arbeiten und die Nahrung nimmt auf ganz vernünftige Art und Weise ihren Weg durch den Verdauungstrakt.
Dann nimmt man garantiert nicht zu viel Kalorien zu sich. Sein Leben und seine Lebensgewohnheiten balancieren, sollte die Devise sein!

Zuerst schadet man seiner Gesundheit, um zu Geld zu kommen, dann seinem Geld, um die Gesundheit zurückzuholen.

Der willige Geist

Positives Denken

Durch manche Unabwägbarkeiten bedingt, neigen wir, obwohl absolut nicht notwendig, immer mehr zu Negativismen.

Gerade wir Deutschen, das müssen wir nun mal halt zugeben, neigen besonders dazu, vieles negativ zu sehen und das immer wieder vorhandene Positive zu übersehen.

Ich schreibe jetzt einmal ganz provokant: Wir müssen lernen, jeden Moment zu genießen, denn wir leben nicht gestern und wir leben nicht morgen, wir leben jetzt. Abgesehen davon sollten wir uns angewöhnen, auch einen regnerischen Tag zu genießen. Ein gutes Buch, gute Musik, gemütliches Beisammensein mit netten Freunden und Bekannten und auch dieser Tag ist ein wunderschöner Tag.

Vor einigen Monaten las man noch in der Fachpresse, dass im Jahre 2020 die Depressionen die Herz-Kreislauf-Erkrankungen an erster Stelle verdrängt haben werden.

Leider ist dies schon heute so. Wir brauchen aber an so etwas gar nicht zu denken, denn wir haben es geschafft unser Leben umzustellen.

Das, was wir alle nicht wollen, möchte ich Ihnen dennoch als abschreckendes Beispiel definieren, da auch dies ein Motivationsgrund sein soll, Sie positiv zu stimmen.

Depressive Stimmungslagen, Leitsymptome: Bedrückung, Traurigkeit, Zurückgezogenheit, Schwermütigkeit bis zur Verzweiflung, Selbstmordgedanken.

Häufige Begleitbeschwerden: Alles wird negativ gesehen, Vorwürfe richten Betroffene gegen sich selbst, sehen sich als Versager, leiden unter Minderwertigkeitskomplexen. Die Konzentrationsfähigkeit ist eingeschränkt. Interessen an geistigen und körperlichen Aktivitäten lassen nach. Manche verbergen ihre Probleme hinter Aggressivität gegenüber anderen und großer Geschwätzigkeit.

Eine Anmerkung scheint mir wichtig, es gibt zahlreiche Leiden, aber auch gewissenlose Geschäftemacher (so genannte „Heiler", selbst ernannte Psychologen), die leichtfertig von Depression

„sprechen“ und Menschen in kritischer Stimmungslage erst in eine handfeste Depression hineintreiben. Depression droht zur Modekrankheit auszuufern.

Sogar politische Geschäfte werden mit der Krankheit gemacht. Miesmacher der demokratischen Gesellschaft behaupten, dass unser System Depressionen begünstige. Eine Tatsache ist allerdings, dass wir gegenüber depressiven Erscheinungsbildern sensibler geworden sind und diese früher beachten. Und das ist gut so, weil Heilung auch im psychischen Bereich umso mehr Chancen hat, je eher eine Störung erkannt und behandelt wird. Frauen haben übrigens eher den Mut als Männer, sich zu depressiven Stimmungen zu bekennen.

Nur ein psychotherapeutisch tätiger Arzt sollte Depressionen diagnostizieren, um zu verhindern, dass organische Erkrankungen übersehen werden. Der regelrechten Depression gehen fast immer depressive Stimmungslagen voraus. Auf diese möchte ich Ihr Augenmerk richten.

Weil jeder von uns schon einmal in seinem Leben, für längere oder kürzere Zeiten mit mehr oder wenigen schlimmen depressiven Stimmungslagen konfrontiert wurde, und weil depressive Stimmungslagen überwindbar sind, wenn man sie richtig einschätzt und behandelt. Eine depressive Stimmungslage braucht nicht in die Depression zu führen.

Depressive Stimmungslagen haben meist einen Auslöser: bei jungen Leuten zum Beispiel Prüfungsangst, Ängste vor 40 bis 50 Berufsjahren; im mittleren Lebensalter Partnerschaft- oder Karriereprobleme (Midlifecrisis), in späten Jahren der Übergang ins Rentnerdasein, die Ängste vor Krankheit und Tod. Von Anfang bis Ende führen Verlust, Liebesentzug, Trennung von Lebenden oder Verstorbenen, Fehlschläge jeder Art in depressive Stimmungslagen, die zunächst vieles „nutzlos“ oder „sinnlos“ erscheinen lassen. Ich meine, dass zu jedem Zeitpunkt eine Krise auftreten und dass man sich davor wappnen kann.

Psychiatrisch erfahrene Ärzte können Therapien durchführen, die zur Überwindung der Krise führen.

Es wird auch ein so genannter „Biorhythmus“ behauptet, der weder hundertprozentig bewiesen noch widerlegt ist. Danach geht die Seelenlage in 28 Tagen auf und ab. Wenn Sie also monatlich ein bis zwei Tage missgestimmt sind, muss das noch nicht krankhaft sein. Trainieren Sie in jedem Lebensalter kraftvolle positive optimistische Lebensweisen.

Fangen Sie niemals an aufzuhören! Und hören Sie niemals auf anzufangen!
Frisch, fromm, fröhlich frei. (Turnerwahlspruch)

Macht Musik schlank?
Ich und Heino im Bingo-Studio

Vorfreude

Da wir nun alle wissen, dass die Lebensumstellung uns insgesamt in eine bessere Stimmungslage (Laune) führt, konzentrieren wir uns nun auf die Vorfreunde.

Mit aller größter Vorfreude setzen wir uns an den Tisch, stellen eine detaillierte Liste auf über Dinge, die wir beispielsweise einkaufen möchten. In Gedanken sehen wir schon das Bild bunter Früchte, knackiger Salate, knackigen frischen Gemüses und eines kleinen Stückes Fleisch vor uns. Denn nur diese Liste ist beim Einkauf bedeutend, sonst nichts. Schon das Niederschreiben bedeutet eine Vorfreude. Denken wir jetzt schon daran, wie wir unseren Tagesablauf gestalten werden, wie wir uns mit sportlicher Aktivität und genussvollem Essen belohnen werden. Dann geht alles leichter, denn Vorfreude ist die schönste Freude.

Wir freuen uns auf den abendlichen Kinobesuch, auf das Theater, auf ein gemütliches Beisammensein mit Freunden und Bekannten, oder ganz einfach auf ein gutes Buch und schöne Musik. Dann läuft der Tag wie geschmiert.

Lebensfreude

Schauen wir uns heute Michael Thürnau an, seine strahlend blauen Augen, seine glatten Gesichtszüge, sein schelmischer Gesichtsausdruck, seine, wenn auch noch nicht klassische, aber ansehbare Silhouette, seine positive Aktivität, so werden wir spontan sagen „Dieser Mann besitzt eine enorme Lebensfreude."

Wir sehen in allem wieder einen Sinn, nehmen alles bewusster wahr, freuen uns über Dinge, an denen wir früher arglos vorbeigingen, genießen eben alles, auch unsere Arbeit (Stress, nicht Dysstress).

Wie wunderschön, denn wir haben es mit der Hilfe von Michael Thürnau geschafft!

Wir können wieder lachen, denn Lachen stimuliert unser Immunsystem, Lachen ist gesund! Lachen ist die beste Medizin! Humor schadet deiner Krankheit! Über vieles hilft nur Lachen!

Mit Humor kann man sich über den Ernst des Lebens und schwere Schicksale hinwegsetzen. Humor ist eine Form von Liebe. Täglich sollte man über etwas lachen, auch über sich selbst! Die Kombination und der Gegensatz von Ernst und Humor erhöhen das Vergnügen des Lesers und der Leserin, als „Kopfkissenbuch", als „positiver Begleiter und als wirksame Medizin.

Das wunderschöne „erleichternde" Ergebnis

Noch einmal: Wir haben es geschafft. Wir sehen die Welt mit völlig anderen Augen, wir haben einmal unser individuelles Idealgewicht erreicht, wir haben es geschafft, dieses zu behalten, unsere sportliche Aktivität (regelmäßig) macht uns große Freude, das Leben ist wieder lebenswert und sinnvoll.

Wir gehen wieder bewusst durchs Leben, nehmen alles bewusster wahr. Wir können uns wieder über alles freuen, sind in der Lage negative Dinge auszuschalten und nur noch positiv in die Zukunft zu schauen. Denn wir fühlen uns gesund, erleichtert und vital. Sicherlich werden auch wir weiterhin mit scheinbar unlösbaren Dingen konfrontiert, aber uns fällt es leicht, auch in diesen Situationen eine Lösung zu finden. Wir brauchen keinen großen Reichtum (materiell), wir sind jetzt auch in der Lage, uns an kleinen Dingen zu erfreuen.

Wir freuen uns auf ein genussvolles Essen, wir freuen uns über Belohnungen, wir freuen uns über die Natur, wir freuen uns über unsere Arbeit, wir genießen das Leben in vollen Zügen.

Wir werden zwar nicht überschwänglich oder gar manisch, denn wir bleiben mit unserer Lebensfreude auf dem Boden der Tatsachen.

Wer heute Michael Thürnau sieht und gerade traurig ist, bekommt sofort gute Laune. Kann man den Erfolg denn besser beweisen?

Michael Thürnau hat zwar kein Idealgewicht bzw. das so genannte Wohlfühlgewicht, aber schauen Sie nur in seine strahlend blauen Augen, seine gelassenen und glatten Gesichtszüge, so wissen wir genau dieser Mann ist fit, kreativ und leistungsfähig.

Er schenkt denjenigen, die es noch nicht geschafft haben, eine enorme Vorfreude auf das, was Sie jetzt unbedingt schaffen wollen. Denn anders geht es jetzt einfach nicht mehr.

Fröhliche Suggestion (Heilhypnose)

Der US-Professor Martin E. Seligmann sagt, auf die Frage wie man Optimist wird: „An seine Fähigkeiten zu glauben, Perspektiven zu haben und die Illusion, sein Leben steuern zu können, sind die Grundfeste einer optimistischen Einstellung.“ Eine Haltung, die man übrigens trainieren kann. „Es ist allein die Macht des Gehirns, die unseren Körper heilt.“ Dies ist ein Fazit der Wissenschaftler, die in Studien den Einfluss der Psyche auf unser Immunsystem erforscht haben. Bei starkem Überlebenswillen regt das Gehirn über Botenstoffe die Abwehrwaffen des Körpers an, umgekehrt führt ein Gefühl von Hilflosigkeit zu einer erhöhten Ausschüttung von Stresshormonen und damit zu einer Abwehrschwächung.

Optimisten haben deshalb nicht nur die Kraft, Krankheiten zu besiegen, sie haben auch eine längere Lebenserwartung. Somit ist auch selbst eine Krebserkrankung durch die Kraft des Gehirns besiegbar. Wir kennen in diesem Zusammenhang das Gebiet der Psycho-Neuro-Immunologie.

Somit ist es möglich, eine fröhliche Suggestion nach Übung, Selbstsuggestion, zu erreichen. Ich selbst führe sehr erfolgreich die ärztliche Heilhypnose durch. Sie ist ein Trancezustand, in dem sich der Patient zwischen Wachsein und Schlaf befindet. Ob mehr wach oder mehr schlafend, spielt dabei keine Rolle, denn die vom Arzt suggerierten Worte gehen selbst dann tief ins Unterbewusstsein, wenn der Patient jedes Wort mitbekommt. Kein Patient liefert sich dem ärztlichen Heilhypnosetherapeuten aus. Er ist jederzeit in der Lage, sich gegen Suggestionen zu wehren, die ihm widerstreben.

Die bisher praktizierte Tiefenhypnose wird von modernen Therapeuten abgelehnt, weil sie für den Patienten zu belastend war und ihn psychisch oft in ein tiefes schwarzes Loch stürzen ließ. Die von mir angewendete sanfte Heilhypnose kommt in den meisten Fällen in zwei Wochen (!) zum Erfolg. Danach erhält der Patient eine individuell für ihn besprochene Kassette, mit der er sich zu Hause nach ärztlicher Weisung weiter therapieren und jederzeit entspannen kann.

Diese Heilhypnose ist die sanfteste und ungefährlichste Therapie für fast alle Leiden, die auch eine seelische Beteiligung haben. Bei der Überwindung von Ängsten und Depressionen kann eine Erfolgsquote von 85 Prozent, 70 Prozent bei Allergien und Asthma, 65 Prozent bei Raucherentwöhnung und Alkoholentwöhnung, 80 Prozent bei Fress- und Magersucht und anderen falsch eingefahrenen Essgewohnheiten erreicht werden.

Einzige Voraussetzung für eine erfolgreiche Therapie: Der Patient muss den Willen haben, die alten, schlechten Verhaltensweisen aufzugeben.

Bei übergewichtigen Patienten habe ich äußerst gute Erfolge mit der Heilhypnose erzielt, insbesondere hinsichtlich der Ernährungsumstellung und der sportlichen Aktivität.

Abschießend: Es gibt zahlreiche Methoden, sein Leben gesund, vital und kreativ, durch eine Umstellung, die im Grunde genommen recht leicht ist, zu erzielen.

Michael Thürnau hat es uns mit allergrößtem Erfolg vorgemacht.

Teil I – Der Beginn der Geschichte

Teil II – Die Story eines Selbstversuchs

Teil III – Aller Umfang ist schwer

Teil IV – FettWeg-ABC

Thürnaus FettWegRezepte

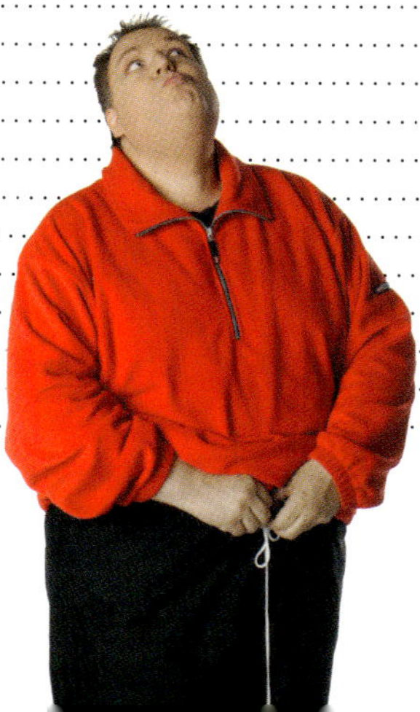

Fachteil Dr. Jan Liffers

Die richtige Ernährung

Krankheiten

Substitution

Bewegung

Der willige Geist